PREFACIO

La colección de guías de conversación para viajar "Todo irá bien" publicada por T&P Books está diseñada para personas que viajan al extranjero para turismo y negocios. Las guías contienen lo más importante - los elementos esenciales para una comunicación básica.Éste es un conjunto de frases imprescindibles para "sobrevivir" mientras está en el extranjero.

Esta guía de conversación le ayudará en la mayoría de los casos donde usted necesite pedir algo, conseguir direcciones, saber cuánto cuesta algo, etc. Puede también resolver situaciones difíciles de la comunicación donde los gestos no pueden ayudar.

Este libro contiene muchas frases que han sido agrupadas según los temas más relevantes. Una sección separada del libro también ofrece un pequeño diccionario con más de 1.500 palabras importantes y útiles.

Llévese la guía de conversación "Todo irá bien" en el camino y tendrá una insustituible compañera de viaje que le ayudará a salir de cualquier situación y le enseñará a no temer hablar con extranjeros.

TABLA DE CONTENIDOS

Pronunciación   5
Lista de abreviaturas   6
Guía de conversación Español-Búlgaro   9
Diccionario Conciso   75

T&P Books Publishing

Colección de guías de conversación
"¡Todo irá bien!"

T&P Books Publishing

GUÍA DE CONVERSACIÓN

BÚLGARO

LAS PALABRAS Y LAS FRASES MÁS ÚTILES

Esta Guía de Conversación contiene las frases y las preguntas más comunes necesitadas para una comunicación básica con extranjeros

Andrey Taranov

T&P BOOKS

Guía de conversación + diccionario de 1500 palabras

Guía de conversación Español-Búlgaro y diccionario conciso de 1500 palabras

por Andrey Taranov

La colección de guías de conversación para viajar "Todo irá bien" publicada por T&P Books está diseñada para personas que viajan al extranjero para turismo y negocios. Las guías contienen lo más importante - los elementos esenciales para una comunicación básica. Éste es un conjunto de frases imprescindibles para "sobrevivir" mientras está en el extranjero.

Una otra sección del libro también ofrece un pequeño diccionario con más de 1.500 palabras útiles. El diccionario incluye muchos términos gastronómicos y será de gran ayuda para pedir los alimentos en un restaurante o comprando comestibles en la tienda.

T&P Books Publishing
www.tpbooks.com

ISBN: 978-1-78492-646-5

Este libro está disponible en formato electrónico o de E-Book también.
Visite www.tpbooks.com o las librerías electrónicas más destacadas en la Red.

PRONUNCIACIÓN

T&P alfabeto fonético	Ejemplo búlgaro	Ejemplo español
[a]	сладък [sládək]	radio
[e]	череша [ʧeréʃa]	verano
[i]	килим [kilím]	ilegal
[o]	отломка [otlómka]	bordado
[u]	улуча [ulúʧa]	mundo
[ə]	въже [vəʒé]	La schwa, el sonido neutro
[ja], [ʲa]	вечеря [veʧérʲa]	cambiar
[ʲu]	ключ [klʲuʧ]	lluvia
[ʲo]	фризьор [frizʲór]	yogur
[ja], [ʲa]	история [istórija]	cambiar
[b]	събота [sébota]	en barco
[d]	пладне [pládne]	desierto
[f]	парфюм [parfʲúm]	golf
[g]	гараж [garáʒ]	jugada
[ʒ]	мрежа [mréʒa]	adyacente
[j]	двубой [dvubój]	asiento
[h]	храбър [hrábər]	coger
[k]	колело [koleló]	charco
[l]	паралел [paralél]	lira
[m]	мяукам [mʲaúkam]	nombre
[n]	фонтан [fontán]	número
[p]	пушек [púʃek]	precio
[r]	крепост [krépost]	era, alfombra
[s]	каса [kása]	salva
[t]	тютюн [tʲutʲún]	torre
[v]	завивам [zavívam]	travieso
[ts]	църква [tsérkva]	tsunami
[ʃ]	шапка [ʃápka]	shopping
[ʧ]	чорапи [ʧorápi]	mapache
[w]	уиски [wíski]	acuerdo
[z]	зарзават [zarzavát]	desde

LISTA DE ABREVIATURAS

Abreviatura en español

adj	-	adjetivo
adv	-	adverbio
anim.	-	animado
conj	-	conjunción
etc.	-	etcétera
f	-	sustantivo femenino
f pl	-	femenino plural
fam.	-	uso familiar
fem.	-	femenino
form.	-	uso formal
inanim.	-	inanimado
innum.	-	innumerable
m	-	sustantivo masculino
m pl	-	masculino plural
m, f	-	masculino, femenino
masc.	-	masculino
mat	-	matemáticas
mil.	-	militar
num.	-	numerable
p.ej.	-	por ejemplo
pl	-	plural
pron	-	pronombre
sg	-	singular
v aux	-	verbo auxiliar
vi	-	verbo intransitivo
vi, vt	-	verbo intransitivo, verbo transitivo
vr	-	verbo reflexivo
vt	-	verbo transitivo

Abreviatura en búlgaro

ж	-	sustantivo femenino
ж мн	-	femenino plural
м	-	sustantivo masculino
м мн	-	masculino plural
м, ж	-	masculino, femenino

мн	-	plural
с	-	neutro
с мн	-	género neutro plural

T&P BOOKS

GUÍA DE
CONVERSACIÓN
BÚLGARO

Esta sección contiene frases
importantes que pueden
resultar útiles en varias
situaciones de la vida real.
La Guía le ayudará a pedir
direcciones, aclaración
sobre precio, comprar billetes,
y pedir alimentos en un
restaurante

T&P Books Publishing

CONTENIDO DE LA GUÍA DE CONVERSACIÓN

Lo más imprescindible 12
Preguntas 15
Necesidades 16
Preguntar por direcciones 18
Carteles 20
Transporte. Frases generales 22
Comprar billetes 24
Autobús 26
Tren 28
En el tren. Diálogo (Sin billete) 30
Taxi 31
Hotel 33
Restaurante 36
De Compras 38
En la ciudad 40
Dinero 42

Tiempo 44
Saludos. Presentaciones. 46
Despedidas 48
Idioma extranjero 50
Disculpas 51
Acuerdos 52
Rechazo. Expresar duda 53
Expresar gratitud 55
Felicitaciones , Mejores Deseos 57
Socializarse 58
Compartir impresiones. Emociones 61
Problemas, Accidentes 63
Problemas de salud 66
En la farmacia 69
Lo más imprescindible 71

T&P Books Publishing

Perdone, …	**Извинете, …** [izvinéte, …]
Hola.	**Здравейте.** [zdravéjte]
Gracias.	**Благодаря.** [blagodar^já]

Sí.	**Да.** [da]
No.	**Не.** [ne]
No lo sé.	**Аз не знам.** [az ne znam]
¿Dónde? | ¿A dónde? | ¿Cuándo?	**Къде? | Накъде? | Кога?** [kədé? | nakədé? | kogá?]

Necesito …	**Трябва ми …** [tr^jábva mi …]
Quiero …	**Аз искам …** [az ískam …]
¿Tiene …?	**Имате ли …?** [ímate li …?]
¿Hay … por aquí?	**Тук има ли …?** [tuk íma li …?]
¿Puedo …?	**Мога ли …?** [móga li …?]
…, por favor? (petición educada)	**Моля.** [mól^ja]

Busco …	**Аз търся …** [az térs^ja …]
el servicio	**тоалетна** [toalétna]
un cajero automático	**банкомат** [bankomát]
una farmacia	**аптека** [aptéka]
el hospital	**болница** [bólnitsa]

la comisaría	**полицейски участък** [politséjski utʃástək]
el metro	**метро** [metró]

un taxi	такси [táksi]
la estación de tren	гара [gára]

Me llamo …	Казвам се … [kázvam se …]
¿Cómo se llama?	Как се казвате? [kak se kázvate?]
¿Puede ayudarme, por favor?	Помогнете ми, моля. [pomognéte mi, mólʲa]
Tengo un problema.	Аз имам проблем. [az ímam problém]
Me encuentro mal.	Лошо ми е. [lóʃo mi e]
¡Llame a una ambulancia!	Повикайте бърза помощ! [povikájte bérza pómoʃt!]
¿Puedo llamar, por favor?	Може ли да се обадя? [móʒe li da se obádʲa?]

Lo siento.	Извинявам се. [izvinʲávam se]
De nada.	Моля. [mólʲa]

Yo	аз [az]
tú	ти [ti]
él	той [toj]
ella	тя [tʲa]
ellos	те [te]
ellas	те [te]
nosotros /nosotras/	ние [nie]
ustedes, vosotros	вие [víe]
usted	Вие [víe]

ENTRADA	ВХОД [vhod]
SALIDA	ИЗХОД [íshot]
FUERA DE SERVICIO	НЕ РАБОТИ [ne ráboti]
CERRADO	ЗАТВОРЕНО [zatvóreno]

ABIERTO	**ОТВОРЕНО** [otvóreno]
PARA SEÑORAS	**ЗА ЖЕНИ** [za ʒení]
PARA CABALLEROS	**ЗА МЪЖЕ** [za məʒé]

Preguntas

¿Dónde?	**Къде?** [kədé?]
¿A dónde?	**Накъде?** [nakədé?]
¿De dónde?	**Откъде?** [otkədé?]
¿Por qué?	**Защо?** [zaʃtó?]
¿Con que razón?	**По каква причина?** [po kakvá pritʃína?]
¿Cuándo?	**Кога?** [kogá?]

¿Cuánto tiempo?	**За колко?** [za kólko?]
¿A qué hora?	**В колко?** [v kólko?]
¿Cuánto?	**Колко струва?** [kólko strúva?]
¿Tiene ...?	**Имате ли ...?** [ímate li ...?]
¿Dónde está ...?	**Къде се намира ...?** [kədé se namíra ...?]

¿Qué hora es?	**Колко е часът?** [kólko e tʃasét?]
¿Puedo llamar, por favor?	**Може ли да се обадя?** [moʒe li da se obádʲa?]
¿Quién es?	**Кой е там?** [koj e tam?]
¿Se puede fumar aquí?	**Мога ли тук да пуша?** [móga li tuk da púʃa?]
¿Puedo ...?	**Мога ли ...?** [móga li ...?]

Necesidades

Quisiera ...	**Аз бих искал /искала/ ...** [az bih ískal /ískala/ ...]
No quiero ...	**Аз не искам ...** [az ne ískam ...]
Tengo sed.	**Аз искам да пия.** [az ískam da pijá]
Tengo sueño.	**Аз искам да спя.** [az ískam da spʲa]
Quiero ...	**Аз искам ...** [az ískam ...]
lavarme	**да се измия** [da se izmijá]
cepillarme los dientes	**да си мия зъбите** [da si míja zəbíte]
descansar un momento	**малко да си почина** [málko da si potʃína]
cambiarme de ropa	**да се преоблека** [da se preobleká]
volver al hotel	**да се върна в хотела** [da se vérna v hotéla]
comprar ...	**да купя ...** [da kúpʲa ...]
ir a ...	**да отида ...** [da otída ...]
visitar ...	**да посетя ...** [da posetʲá ...]
quedar con ...	**да се срещна с ...** [da se sréʃtna s ...]
hacer una llamada	**да се обадя** [da se obádʲa]
Estoy cansado /cansada/.	**Аз се изморих.** [az se izmoríh]
Estamos cansados /cansadas/.	**Ние се изморихме.** [nie se izmoríhme]
Tengo frío.	**Студено ми е.** [studéno mi e]
Tengo calor.	**Топло ми е.** [tóplo mi e]
Estoy bien.	**Нормално ми е.** [normálno mi e]

Tengo que hacer una llamada.	**Трябва да се обадя.** [trˈábva da se obádʲa]
Necesito ir al servicio.	**Искам да отида в тоалетната.** [ískam da otída v toalétnata]
Me tengo que ir.	**Трябва да тръгвам.** [trˈábva da trégvam]
Me tengo que ir ahora.	**Сега трябва да тръгвам.** [segá trˈábva da trégvam]

Preguntar por direcciones

Perdone, ...	Извинете, ... [izvinéte, ...]
¿Dónde está ...?	Къде се намира ...? [kədé se namíra ...?]
¿Por dónde está ...?	В коя посока се намира ...? [v koja posóka se namíra ...?]
¿Puede ayudarme, por favor?	Помогнете ми, моля. [pomognéte mi, mólʲa]

Busco ...	Аз търся ... [az tӗrsʲa ...]
Busco la salida.	Аз търся изход. [az tӗrsʲa íshot]
Voy a ...	Аз пътувам до ... [az pətúvam do ...]
¿Voy bien por aquí para ...?	Правилно ли вървя ...? [právilno li vərvʲá ...?]

¿Está lejos?	Далече ли е? [dalétʃe li e?]
¿Puedo llegar a pie?	Ще стигна ли дотам пеша? [ʃte stígna li dotám péʃa?]
¿Puede mostrarme en el mapa?	Покажете ми на картата, моля. [pokaʒéte mi na kártata, mólʲa]
Por favor muestreme dónde estamos.	Покажете, къде сме сега. [pokaʒéte, kədé sme segá]

Aquí	Тук [tuk]
Allí	Там [tam]
Por aquí	Тука [túka]

Gire a la derecha.	Завийте надясно. [zavíjte nadʲásno]
Gire a la izquierda.	Завийте наляво. [zavíjte nalʲávo]
la primera (segunda, tercera) calle	първи (втори, трети) завой [pӗrvi (ftóri, tréti) zavój]
a la derecha	надясно [nadʲásno]

a la izquierda

наляво
[nal'ávo]

Siga recto.

Вървете направо.
[vervéte naprávo]

Carteles

¡BIENVENIDO!	**ДОБРЕ ДОШЛИ!** [dobré doʃlí!]
ENTRADA	**ВХОД** [vhod]
SALIDA	**ИЗХОД** [íshot]

EMPUJAR	**БУТНИ** [butní]
TIRAR	**ДРЪПНИ** [drəpní]
ABIERTO	**ОТВОРЕНО** [otvóreno]
CERRADO	**ЗАТВОРЕНО** [zatvóreno]

PARA SEÑORAS	**ЗА ЖЕНИ** [za ʒení]
PARA CABALLEROS	**ЗА МЪЖЕ** [za məʒé]
CABALLEROS	**МЪЖКА ТОАЛЕТНА** [méʒka toalétna]
SEÑORAS	**ЖЕНСКА ТОАЛЕТНА** [ʒénska toalétna]

REBAJAS	**НАМАЛЕНИЯ** [namalénija]
VENTA	**РАЗПРОДАЖБА** [rasprodáʒba]
GRATIS	**БЕЗПЛАТНО** [besplátno]
¡NUEVO!	**НОВИНА!** [noviná!]
ATENCIÓN	**ВНИМАНИЕ!** [vnimánie!]

COMPLETO	**НЯМА МЕСТА** [nʲáma mestá]
RESERVADO	**РЕЗЕРВИРАНО** [rezervírano]
ADMINISTRACIÓN	**АДМИНИСТРАЦИЯ** [administrátsija]
SÓLO PERSONAL AUTORIZADO	**САМО ЗА ПЕРСОНАЛА** [sámo za personála]

CUIDADO CON EL PERRO	**ЛОШО КУЧЕ** [lóʃo kutʃe]
NO FUMAR	**НЕ СЕ ПУШИ!** [ne se púʃi!]
NO TOCAR	**НЕ ПИПАЙ С РЪЦЕТЕ!** [ne pipáj s rətséte!]

PELIGROSO	**ОПАСНО** [opásno]
PELIGRO	**ОПАСНОСТ** [opásnost]
ALTA TENSIÓN	**ВИСОКО НАПРЕЖЕНИЕ** [visóko napreʒénie]
PROHIBIDO BAÑARSE	**КЪПАНЕТО Е ЗАБРАНЕНО** [kəpaneto e zabranéno]

FUERA DE SERVICIO	**НЕ РАБОТИ** [ne ráboti]
INFLAMABLE	**ОГНЕОПАСНО** [ogneopásno]
PROHIBIDO	**ЗАБРАНЕНО** [zabranéno]
PROHIBIDO EL PASO	**ПРЕМИНАВАНЕТО Е ЗАБРАНЕНО** [preminávaneto e zabranéno]
RECIÉN PINTADO	**БОЯДИСАНО** [bojadísano]

CERRADO POR RENOVACIÓN	**ЗАТВОРЕНО ЗА РЕМОНТ** [zatvóreno za remónt]
EN OBRAS	**РЕМОНТНИ РАБОТИ** [remóntni ráboti]
DESVÍO	**ЗАОБИКАЛЯНЕ** [zaobikálʲane]

Transporte. Frases generales

el avión	самолет [samolét]
el tren	влак [vlak]
el bus	автобус [aftobús]
el ferry	ферибот [féribot]
el taxi	такси [táksi]
el coche	кола [kóla]

el horario	разписание [raspisánie]
¿Dónde puedo ver el horario?	Къде мога да видя разписанието? [kədé móga da vídʲa raspisánieto?]
días laborables	работни дни [rabótni dni]
fines de semana	почивни дни [potʃívni dni]
días festivos	празнични дни [práznitʃni dni]

SALIDA	ЗАМИНАВАНЕ [zaminávane]
LLEGADA	ПРИСТИГАНЕ [pristígane]
RETRASADO	ЗАКЪСНЯВА [zakəsnʲáva]
CANCELADO	ОТМЕНЕН [otmenén]

siguiente (tren, etc.)	следващ [slédvaʃt]
primero	първи [pérvi]
último	последен [posléden]

¿Cuándo pasa el siguiente …?	Кога е следващият …? [kogá e slédvaʃtijat …?]
¿Cuándo pasa el primer …?	Кога тръгва първият …? [kogá trégva pérvijat …?]

¿Cuándo pasa el último ...?

el trasbordo (cambio de trenes, etc.)

hacer un trasbordo

¿Tengo que hacer un trasbordo?

Кога тръгва последният ...?
[kogá trégva póslednijat ...?]

прекачване
[prekátʃvane]

да правя прекачване
[da právʲa prekátʃvane]

Трябва ли да правя прекачване?
[trʲábva li da právʲa prekátʃvane?]

Comprar billetes

¿Dónde puedo comprar un billete?
Къде мога да купя билети?
[kədé móga da kúpʲa biléti?]

el billete
билет
[bilét]

comprar un billete
да купя билет
[da kúpʲa bilét]

precio del billete
цена на билета
[tsená na biléta]

¿Para dónde?
Накъде?
[nakədé?]

¿A qué estación?
До коя станция?
[do kojá stántsija?]

Necesito …
Трябва ми …
[trʲábva mi …]

un billete
един билет
[edín bilét]

dos billetes
два билета
[dva biléta]

tres billetes
три билета
[tri biléta]

sólo ida
в една посока
[v edná posóka]

ida y vuelta
отиване и връщане
[otívane i vréʃtane]

en primera (primera clase)
първа класа
[pérva klása]

en segunda (segunda clase)
втора класа
[ftóra klása]

hoy
днес
[dnes]

mañana
утре
[útre]

pasado mañana
вдругиден
[vdrúgiden]

por la mañana
сутринта
[sutrínta]

por la tarde
през деня
[prez denʲá]

por la noche
вечерта
[vetʃertá]

asiento de pasillo	**място до коридора**
	[mʲásto do koridóra]
asiento de ventanilla	**място до прозореца**
	[mʲásto do prozóretsa]
¿Cuánto cuesta?	**Колко?**
	[kólko?]
¿Puedo pagar con tarjeta?	**Мога ли да платя с карта?**
	[móga li da platʲá s kárta?]

Autobús

el autobús	**автобус** [aftobús]
el autobús interurbano	**междуградски автобус** [meʒdugrátski aftobús]
la parada de autobús	**автобусна спирка** [aftobúsna spírka]
¿Dónde está la parada de autobuses más cercana?	**Къде се намира най-близката** **автобусна спирка?** [kədé se namíra naj-blízkata aftobúsna spírka?]

número	**номер** [nómer]
¿Qué autobús tengo que tomar para ...?	**Кой номер автобус отива до ...?** [koj nómer aftobús otíva do ...?]
¿Este autobús va a ...?	**Този автобус отива ли до ...?** [tózi aftobús otíva li do ...?]
¿Cada cuanto pasa el autobús?	**Кога има автобуси?** [kogá íma aftobúsi?]

cada 15 minutos	**на всеки 15 минути** [na fséki petnádeset minúti]
cada media hora	**на всеки половин час** [na fséki polovín ʧas]
cada hora	**на всеки час** [na fséki ʧas]
varias veces al día	**няколко пъти на ден** [niákolko péti na den]
... veces al día	**... пъти на ден** [... péti na den]

el horario	**разписание** [raspisánie]
¿Dónde puedo ver el horario?	**Къде мога да видя разписанието?** [kədé móga da vídia raspisánieto?]
¿Cuándo pasa el siguiente autobús?	**Кога е следващият автобус?** [kogá e slédvaʃtijat aftobús?]
¿Cuándo pasa el primer autobús?	**Кога тръгва първият автобус?** [kogá trəgva pérvijat aftobús?]
¿Cuándo pasa el último autobús?	**Кога заминава последният автобус?** [kogá zamináva slédnijat aftobús?]
la parada	**спирка** [spírka]

la siguiente parada

следваща спирка
[slédvaʃta spírka]

la última parada

последна спирка
[poslédna spírka]

Pare aquí, por favor.

Спрете тук, моля.
[spréte tuk, mólʲa]

Perdone, esta es mi parada.

Може ли, това е моята спирка.
[móʒe li, tová e mójata spírka]

Tren

el tren	влак [vlak]
el tren de cercanías	крайградски влак [krajgrátski vlak]
el tren de larga distancia	влак за далечни разстояния [vlak za daléʧni rasstojánija]
la estación de tren	гара [gára]
Perdone, ¿dónde está la salida al anden?	Извинявайте, къде е изхода към влаковете? [izvinʲávajte, kədé e íshoda kəm vlákovete?]

¿Este tren va a ...?	Този влак отива ли до ...? [tózi vlak otíva li do ...?]
el siguiente tren	следващ влак [slédvaʃt vlak]
¿Cuándo pasa el siguiente tren?	Кога е следващият влак? [kogá e slédvaʃtijat vlak?]
¿Dónde puedo ver el horario?	Къде мога да видя разписанието? [kədé móga da vídʲa raspisánieto?]
¿De qué andén?	От кой перон? [ot koj perón?]
¿Cuándo llega el tren a ...?	Кога влакът пристига в ...? [kogá vlákət pristíga v ...?]

Ayudeme, por favor.	Помогнете ми, моля. [pomognéte mi, mólʲa]
Busco mi asiento.	Аз търся мястото си. [az térsʲa mʲástoto si]
Buscamos nuestros asientos.	Ние търсим местата си. [nie térsim mestáta si]

Mi asiento está ocupado.	Мястото ми е заето. [mʲástoto mi e zaéto]
Nuestros asientos están ocupados.	Местата ни са заети. [mestáta ni sa zaéti]
Perdone, pero ese es mi asiento.	Извинявайте, но това е моето място. [izvinʲávajte, no tová e móeto mʲásto]

¿Está libre?

Това място свободно ли е?
[tová mʲásto svobódno li e?]

¿Puedo sentarme aquí?

Мога ли да седна тук?
[móga li da sédna tuk?]

En el tren. Diálogo (Sin billete)

Su billete, por favor.

Билета ви, моля.
[biléta vi, mólʲa]

No tengo billete.

Аз нямам билет.
[az nʲámam bilét]

He perdido mi billete.

Аз загубих билета си.
[az zagúbih biléta si]

He olvidado mi billete en casa.

Аз забравих билета си в къщи.
[az zabrávih biléta si v kéʃti]

Le puedo vender un billete.

Вие можете да си купите
билет от мен.
[víe móʒete da si kúpite
bilét ot men]

También deberá pagar una multa.

Също така ще трябва
да заплатите глоба.
[séʃto taká ʃte trʲábva
da zaplátite glóba]

Vale.

Добре.
[dobré]

¿A dónde va usted?

Накъде пътувате?
[nakədé pətúvate?]

Voy a ...

Аз пътувам до ...
[az pətúvam do ...]

¿Cuánto es? No lo entiendo.

Колко? Не разбирам.
[kólko? ne razbíram]

Escríbalo, por favor.

Напишете, моля.
[napiʃéte, mólʲa]

Vale. ¿Puedo pagar con tarjeta?

Добре. Мога ли да платя с карта?
[dobré. móga li da platʲá s kárta?]

Sí, puede.

Да. Можете.
[da. móʒete]

Aquí está su recibo.

Заповядайте, вашата квитанция.
[zapovʲádajte, vaʃata kvitántsija]

Disculpe por la multa.

Съжалявам за глобата.
[səʒalʲávam za glóbata]

No pasa nada. Fue culpa mía.

Няма нищо. Вината е моя.
[nʲáma níʃto. vináta e mója]

Disfrute su viaje.

Приятно пътуване.
[prijátno pətúvane]

Taxi

taxi	**такси** [táksi]
taxista	**таксист** [táksist]
coger un taxi	**да взема такси** [da vzéma táksi]
parada de taxis	**стоянка на такси** [stojánka na táksi]
¿Dónde puedo coger un taxi?	**Къде мога да взема такси?** [kədé móga da vzéma táksi?]
llamar a un taxi	**да повикам такси** [da povíkam táksi]
Necesito un taxi.	**Трябва ми такси.** [tr'ábva mi táksi]
Ahora mismo.	**Точно сега.** [tótʃno segá]
¿Cuál es su dirección?	**Вашият адрес?** [váʃijat adrés?]
Mi dirección es ...	**Моят адрес е ...** [mójat adrés e ...]
¿Cuál es el destino?	**Къде отивате?** [kədé otívate?]
Perdone, ...	**Извинете, ...** [izvinéte, ...]
¿Está libre?	**Свободни ли сте?** [svobódni li ste?]
¿Cuánto cuesta ir a ...?	**Каква е цената до ...?** [kakvá e tsenáta do ...?]
¿Sabe usted dónde está?	**Знаете ли, къде е това?** [znáete li, kədé e tová?]
Al aeropuerto, por favor.	**До аерогарата, моля.** [do aerogárata, mól'a]
Pare aquí, por favor.	**Спрете тук, моля.** [spréte tuk, mól'a]
No es aquí.	**Това не е тук.** [tová ne e tuk]
La dirección no es correcta.	**Това е неправилен адрес.** [tová e neprávilen adrés]
Gire a la izquierda.	**наляво** [nal'ávo]
Gire a la derecha.	**надясно** [nad'ásno]

¿Cuánto le debo?

Колко ви дължа?
[kólko vi dəlʒá?]

¿Me da un recibo, por favor?

Дайте ми касов бон, моля.
[dájte mi kásov bon, mólʲa]

Quédese con el cambio.

Задръжте рестото.
[zadréʒte réstoto]

Espéreme, por favor.

Изчакайте ме, моля.
[iztʃákajte me, mólʲa]

cinco minutos

пет минути
[pet minúti]

diez minutos

десет минути
[déset minúti]

quince minutos

петнадесет минути
[petnádeset minúti]

veinte minutos

двадесет минути
[dvádeset minúti]

media hora

половин час
[polóvin tʃas]

Hotel

Hola.	**Здравейте.** [zdravéjte]
Me llamo ...	**Казвам се ...** [kázvam se ...]
Tengo una reserva.	**Аз резервирах стая.** [az rezervírah stája]

Necesito ...	**Трябва ми ...** [triábva mi ...]
una habitación individual	**единична стая** [edinítʃna stája]
una habitación doble	**двойна стая** [dvójna stája]
¿Cuánto cuesta?	**Колко струва?** [kólko strúva?]
Es un poco caro.	**Това е малко скъпо.** [ţová e málko sképo]

¿Tiene alguna más?	**Имате ли още нещо?** [ímate li óʃte néʃto?]
Me quedo.	**Ще го взема.** [ʃte go vzéma]
Pagaré en efectivo.	**Ще платя в брой.** [ʃte plátʲa v broj]

Tengo un problema.	**Аз имам проблем.** [az ímam problém]
Mi ... no funciona.	**Моят /моята/ ... е счупен /счупена/.** [mójat /mójata/ ... e stʃúpen /stʃúpena/]
Mi ... está fuera de servicio.	**Моят /моята/ ... не работи** [mójat /mójata/ ... ne ráboti]
televisión	**моят телевизор** [mójat televízor]
aire acondicionado	**моят климатик** [mójat klímatik]
grifo	**моят кран** [mójat kran]

ducha	**моят душ** [mójat duʃ]
lavabo	**моята мивка** [mójata mífka]
caja fuerte	**моят сейф** [mójat sejf]

cerradura	моята ключалка [mójata klʲutʃálka]
enchufe	моят контакт [mójat kontákt]
secador de pelo	моят сешоар [mójat seʃoár]

No tengo …	Нямам … [nʲámam …]
agua	вода [vodá]
luz	ток [tok]
electricidad	електричество [elektritʃestvo]

¿Me puede dar …?	Може ли да ми дадете …? [móʒe li da mi dadéte …?]
una toalla	хавлия [havlíja]
una sábana	одеяло [odejálo]
unas chanclas	чехли [tʃéhli]
un albornoz	халат [halát]
un champú	шампоан [ʃampoán]
jabón	сапун [sapún]

Quisiera cambiar de habitación.	Бих искал /искала/ да сменя стаята си. [bih ískal /ískala/ da smenʲá stájata si]
No puedo encontrar mi llave.	Не мога да намеря ключа си. [ne móga da namérʲa klʲútʃa si]
Por favor abra mi habitación.	Отворете моята стая, моля. [otvórete mójata stája, mólʲa]
¿Quién es?	Кой е? [koj e?]
¡Entre!	Влезте! [vlézte!]
¡Un momento!	Една минута! [edná minúta!]

Ahora no, por favor.	Моля, не сега. [mólʲa, ne segá]
Venga a mi habitación, por favor.	Влезте при мен, моля. [vlézte pri men, mólʲa]

Quisiera hacer un pedido.

Бих искал /искала/ да поръчам храна за стаята.
[bih ískal /ískala/ da pórətʃam hraná za stájata]

Mi número de habitación es ...

Номерът на стаята ми е ....
[nómerət na stájata mi e ....]

Me voy ...

Заминавам ...
[zaminávam ...]

Nos vamos ...

Ние заминаваме ...
[nie zaminávame ...]

Ahora mismo

сега
[segá]

esta tarde

днес след обяд
[dnes slet obʲát]

esta noche

днес вечерта
[dnes vetʃertá]

mañana

утре
[útre]

mañana por la mañana

утре сутринта
[útre sutrínta]

mañana por la noche

утре вечер
[útre vétʃer]

pasado mañana

вдругиден
[vdrúgiden]

Quisiera pagar la cuenta.

Бих искал /искала/ да заплатя.
[bih ískal /ískala/ da zaplatʲá]

Todo ha estado estupendo.

Всичко беше отлично.
[fsítʃko béʃe otlítʃno]

¿Dónde puedo coger un taxi?

Къде мога да взема такси?
[kədé móga da vzéma táksi?]

¿Puede llamarme un taxi, por favor?

Повикайте ми такси, моля.
[povikájte mi táksi, mólʲa]

Restaurante

¿Puedo ver el menú, por favor?

Mesa para uno.

Somos dos (tres, cuatro).

Мога ли да видя менюто ви?
[móga li da víd'a men'úto vi?]
Маса за един човек
[mása za edín t͡ʃovék]
Ние сме двама (трима, четирима).
[nie sme dváma (tríma, t͡ʃetírima)]

Para fumadores

Para no fumadores

¡Por favor! (llamar al camarero)

la carta

la carta de vinos

La carta, por favor.

За пушачи
[za puʃát͡ʃi]
За непушачи
[za nepuʃát͡ʃi]
Ако обичате!
[ako obit͡ʃate!]
меню
[men'ú]
Карта на виното
[kárta na vínoto]
Менюто, моля.
[men'úto, mól'a]

¿Está listo para pedir?

¿Qué quieren pedir?

Yo quiero ...

Готови ли сте да поръчате?
[gotóvi li ste da porét͡ʃate?]
Какво ще поръчате?
[kakvó ʃte porét͡ʃate?]
Аз искам ....
[az ískam ....]

Soy vegetariano.

carne

pescado

verduras

¿Tiene platos para vegetarianos?

No como cerdo.

Él /Ella/ no come carne.

Soy alérgico a ...

Аз съм вегетарианец /вегетарианка/.
[az səm vegetariánets /vegetariánka/]
месо
[mesó]
риба
[ríba]
зеленчуци
[zelent͡ʃútsi]
Имате ли вегетариански ястия?
[ímate li vegetariánski jástija?]
Аз не ям свинско.
[az ne jam svínsko]
Той /тя/ не яде месо.
[toj /t'a/ ne jadé mesó]
Имам алергия към ...
[ímam alérgija kəm ...]

¿Me puede traer ..., por favor?

Донесете ми, моля ...
[doneséte mi, mólʲa ...]

sal | pimienta | azúcar

сол | пипер | захар
[sol | pipér | záhar]

café | té | postre

кафе | чай | десерт
[kafé | tʃaj | desért]

agua | con gas | sin gas

вода | газирана | негазирана
[vodá | gazírana | negazírana]

una cuchara | un tenedor | un cuchillo

лъжица | вилица | нож
[ləʒítsa | vílitsa | noʒ]

un plato | una servilleta

чиния | салфетка
[tʃiníja | salfétka]

¡Buen provecho!

Приятен апетит!
[prijáten apetít!]

Uno más, por favor.

Донесете още, моля.
[doneséte óʃte, mólʲa]

Estaba delicioso.

Беше много вкусно.
[béʃe mnógo fkúsno]

---

la cuenta | el cambio | la propina

сметка | ресто | бакшиш
[smétka | résto | bakʃíʃ]

La cuenta, por favor.

Сметката, моля.
[smétkata, mólʲa]

¿Puedo pagar con tarjeta?

Мога ли да платя с карта?
[móga li da platʲá s kárta?]

Perdone, aquí hay un error.

Извинявайте, тук има грешка.
[izvinʲávajte, tuk íma gréʃka]

De Compras

¿Puedo ayudarle?
Мога ли да ви помогна?
[móga li da vi pomógna?]

¿Tiene ...?
Имате ли ...?
[ímate li ...?]

Busco ...
Аз търся ...
[az térsʲa ...]

Necesito ...
Трябва ми ...
[trʲábva mi ...]

Sólo estoy mirando.
Само гледам.
[sámo glédam]

Sólo estamos mirando.
Ние само гледаме.
[nie sámo glédame]

Volveré más tarde.
Ще дойда по-късно.
[ʃte dójda po-késno]

Volveremos más tarde.
Ние ще дойдем по-късно.
[nie ʃte dójdem po-késno]

descuentos | oferta
намаления | разпродажба
[namalénija | rasprodáʒba]

Por favor, enséñeme ...
Покажете ми, моля ...
[pokaʒéte mi, mólʲa ...]

¿Me puede dar ..., por favor?
Дайте ми, моля ...
[dájte mi, mólʲa ...]

¿Puedo probármelo?
Може ли да пробвам това?
[móʒe li da próbvam tová?]

Perdone, ¿dónde están los probadores?
**Извинявайте, къде може
да пробвам това?**
[izvinʲávajte, kədé móʒe
da próbvam tová?]

¿Qué color le gustaría?
Какъв цвят желаете?
[kakév tsvʲat ʒeláete?]

la talla | el largo
размер | ръст
[razmér | rəst]

¿Cómo le queda? (¿Está bien?)
Стана ли ви?
[stána li vi?]

¿Cuánto cuesta esto?
Колко струва това?
[kólko strúva tová?]

Es muy caro.
Това е много скъпо.
[tová e mnógo sképo]

Me lo llevo.
Ще взема това.
[ʃte vzéma tová]

Perdone, ¿dónde está la caja?

Извинявайте, къде е касата?
[izviniávajte, kədé e kásata?]

¿Pagará en efectivo o con tarjeta?

Как ще плащате?
В брой или с карта?
[kak ʃte pláʃtate?
v broj íli s kárta?]

en efectivo | con tarjeta

в брой | с карта
[v broj | s kárta]

¿Quiere el recibo?

Трябва ли ви касов бон?
[triábva li vi kásov bon?]

Sí, por favor.

Да, бъдете така добър.
[da, bədéte taká dobér]

No, gracias.

Не, не трябва. Благодаря.
[ne, ne triábva. blagodariá]

Gracias. ¡Que tenga un buen día!

Благодаря. Всичко хубаво!
[blagodariá. fsítʃko húbavo!]

En la ciudad

Perdone, por favor.	**Извинете, моля ...** [izvinéte, mól'a ...]
Busco ...	**Аз търся ...** [az térs'a ...]
el metro	**метрото** [metróto]
mi hotel	**хотела си** [hotéla si]

el cine	**киното** [kínoto]
una parada de taxis	**стоянката на такси** [stojánkata na táksi]
un cajero automático	**банкомат** [bankomát]
una oficina de cambio	**обмяна на валута** [obm'ána na valúta]

un cibercafé	**интернет-кафе** [internét-kafé]
la calle ...	**улица ...** [úlitsa ...]
este lugar	**ето това място** [eto tová m'ásto]

¿Sabe usted dónde está ...?	**Знаете ли, къде се намира ...?** [znáete li, kədé se namíra ...?]
¿Cómo se llama esta calle?	**Как се нарича тази улица?** [kak se narít͡ʃa tázi úlitsa?]
Muestreme dónde estamos ahora.	**Покажете, къде сме сега.** [pokaʒéte, kədé sme segá]
¿Puedo llegar a pie?	**Ще стигна ли дотам пеша?** [ʃte stígna li dotám péʃa?]
¿Tiene un mapa de la ciudad?	**Имате ли карта на града?** [ímate li kárta na gradá?]

¿Cuánto cuesta la entrada?	**Колко струва билет за вход?** [kólko strúva bilét za vhot?]
¿Se pueden hacer fotos aquí?	**Тук може ли да се снима?** [tuk móʒe li da se snimá?]
¿Está abierto?	**Отворено ли е?** [otvóreno li e?]

¿A qué hora abren?

В колко отваряте?
[v kólko otvárʲate?]

¿A qué hora cierran?

До колко часа работите?
[do kólko tʃása rábotite?]

Dinero

dinero	**пари** [parí]
efectivo	**пари в брой** [parí v broj]
billetes	**книжни пари** [kníʒni parí]
monedas	**дребни пари** [drébni parí]
la cuenta | el cambio | la propina	**сметка | ресто | бакшиш** [smétka | résto | bakʃíʃ]
la tarjeta de crédito	**кредитна карта** [kréditna kárta]
la cartera	**портмоне** [portmoné]
comprar	**да купя** [da kúpʲa]
pagar	**да платя** [da platʲá]
la multa	**глоба** [glóba]
gratis	**безплатно** [besplátno]
¿Dónde puedo comprar ...?	**Къде мога да купя ...?** [kədé móga da kúpʲa ...?]
¿Está el banco abierto ahora?	**Отворена ли е банката сега ?** [otvórena li e bánkata segá ?]
¿A qué hora abre?	**В колко се отваря?** [v kólko se otvárʲa?]
¿A qué hora cierra?	**До колко часа работи?** [do kólko tʃása ráboti?]
¿Cuánto cuesta?	**Колко?** [kólko?]
¿Cuánto cuesta esto?	**Колко струва?** [kólko strúva?]
Es muy caro.	**Това е много скъпо.** [tová e mnógo sképo]
Perdone, ¿dónde está la caja?	**Извинявайте, къде е касата?** [izvinʲávajte, kədé e kásata?]
La cuenta, por favor.	**Сметката, моля.** [smétkata, mólʲa]

¿Puedo pagar con tarjeta?

Мога ли да платя с карта?
[móga li da platiá s kárta?]

¿Hay un cajero por aquí?

Тук има ли банкомат?
[tuk íma li bankomát?]

Busco un cajero automático.

Трябва ми банкомат.
[triábva mi bankomát]

Busco una oficina de cambio.

Аз търся обмяна на валута.
[az térsia obmiána na valúta]

Quisiera cambiar …

Бих искал да сменя …
[bih ískal da smeniá …]

¿Cuál es el tipo de cambio?

Какъв е курсът?
[kakév e kúrset?]

¿Necesita mi pasaporte?

Трябва ли ви паспортът ми?
[triábva li vi paspórtet mi?]

Tiempo

¿Qué hora es?	**Колко е часът?** [kólko e tʃasét?]
¿Cuándo?	**Кога?** [kogá?]
¿A qué hora?	**В колко?** [v kólko?]
ahora | luego | después de …	**сега | по-късно | след …** [segá | po-késno | slet …]

la una	**един часа** [edín tʃása]
la una y cuarto	**един часа и петнадесет минути** [edín tʃása i petnádeset minúti]
la una y medio	**един часа и тридесет минути** [edín tʃása i trídeset minúti]
las dos menos cuarto	**два без петнадесет** [dva bez petnádeset]

una | dos | tres	**един | два | три** [edín | dva | tri]
cuatro | cinco | seis	**четири | пет | шест** [tʃétiri | pet | ʃest]
siete | ocho | nueve	**седем | осем | девет** [sédem | ósem | dévet]
diez | once | doce	**десет | единадесет | дванадесет** [déset | edinádeset | dvanádeset]

en …	**след …** [slet …]
cinco minutos	**пет минути** [pet minúti]
diez minutos	**десет минути** [déset minúti]
quince minutos	**петнадесет минути** [petnádeset minúti]
veinte minutos	**двадесет минути** [dvádeset minúti]

media hora	**половин час** [polóvin tʃas]
una hora	**един час** [edín tʃas]
por la mañana	**сутринта** [sutrínta]

por la mañana temprano	**рано сутринта** [ráno sutrínta]
esta mañana	**днес сутринта** [dnes sutrínta]
mañana por la mañana	**утре сутринта** [útre sutrínta]

al mediodía	**на обяд** [na obʲád]
por la tarde	**след обяд** [slet obʲát]
por la noche	**вечерта** [vetʃertá]
esta noche	**днес вечерта** [dnes vetʃertá]

por la noche	**през нощта** [prez noʃtá]
ayer	**вчера** [vtʃéra]
hoy	**днес** [dnes]
mañana	**утре** [útre]
pasado mañana	**вдругиден** [vdrúgiden]

¿Qué día es hoy?	**Какъв ден е днес?** [kakév den e dnes?]
Es ...	**Днес е ...** [dnes e ...]
lunes	**понеделник** [ponedélnik]
martes	**вторник** [ftórnik]
miércoles	**сряда** [srʲáda]

jueves	**четвъртък** [tʃetvértək]
viernes	**петък** [pétək]
sábado	**събота** [sébota]
domingo	**неделя** [nedélʲa]

Saludos. Presentaciones.

Hola.	**Здравейте.** [zdravéjte]
Encantado /Encantada/ de conocerle.	**Радвам се, че се запознахме.** [rádvam se, tʃe se zapoznáhme]
Yo también.	**И аз.** [i az]
Le presento a ...	**Запознайте се. Това е ...** [zapoznájte se. tová e ...]
Encantado.	**Много ми е приятно.** [mnógo mi e prijátno]

¿Cómo está?	**Как сте?** [kak ste?]
Me llamo ...	**Казвам се ...** [kázvam se ...]
Se llama ...	**Той се казва ...** [toj se kázva ...]
Se llama ...	**Тя се казва ...** [tʲa se kázva ...]
¿Cómo se llama (usted)?	**Как се казвате?** [kak se kázvate?]
¿Cómo se llama (él)?	**Как се казва той?** [kak se kázva toj?]
¿Cómo se llama (ella)?	**Как се казва тя?** [kak se kázva tʲa?]

¿Cuál es su apellido?	**Как ви е фамилията?** [kak vi e famílijata?]
Puede llamarme ...	**Наричайте ме ...** [narítʃajte me ...]
¿De dónde es usted?	**Откъде сте?** [otkədé ste?]
Yo soy de	**Аз съм от ...** [az səm ot ...]
¿A qué se dedica?	**Като какъв работите?** [kató kakév rábotite?]
¿Quién es?	**Кой сте?** [koj ste?]
¿Quién es él?	**Кой е той?** [koj e toj?]
¿Quién es ella?	**Коя е тя?** [kojá e tʲa?]
¿Quiénes son?	**Кои са те?** [koi sa te?]

Este es … **Това е …**
[tová e …]

mi amigo **моят приятел**
[mójat prijátel]

mi amiga **моята приятелка**
[mójata prijátelka]

mi marido **моят мъж**
[mójat meʒ]

mi mujer **моята жена**
[mójata ʒená]

mi padre **моят баща**
[mójat baʃtá]

mi madre **моята майка**
[mójata májka]

mi hermano **моят брат**
[mójat brat]

mi hermana **моята сестра**
[mójata sestrá]

mi hijo **моят син**
[mójat sin]

mi hija **моята дъщеря**
[mójata deʃterˈá]

Este es nuestro hijo. **Това е нашият син.**
[tová e náʃijat sin]

Esta es nuestra hija. **Това е нашата дъщеря.**
[tová e náʃata deʃterˈá]

Estos son mis hijos. **Това са моите деца.**
[tová sa móite detsá]

Estos son nuestros hijos. **Това са нашите деца.**
[tová sa náʃite detsá]

Despedidas

¡Adiós!	**Довиждане!** [dovíʒdane!]
¡Chau!	**Чао!** [ʧao!]
Hasta mañana.	**До утре!** [do útre!]
Hasta pronto.	**До срещата!** [do sréʃtata!]
Te veo a las siete.	**Ще се срещнем в седем.** [ʃte se sréʃtnem v sédem]
¡Que se diviertan!	**Забавлявайте се!** [zabavlʲávajte se!]
Hablamos más tarde.	**Ще поговорим по-късно.** [ʃte pogovórim po-késno]
Que tengas un buen fin de semana.	**Успешен уикенд!** [uspéʃen uíkend!]
Buenas noches.	**Лека нощ.** [léka noʃt]
Es hora de irme.	**Сега трябва да тръгвам.** [segá trʲábva da trégvam]
Tengo que irme.	**Трябва да тръгвам.** [trʲábva da trégvam]
Ahora vuelvo.	**Сега ще се върна.** [segá ʃte se vérna]
Es tarde.	**Вече е късно.** [véʧe e késno]
Tengo que levantarme temprano.	**Трябва рано да ставам.** [trʲábva ráno da stávam]
Me voy mañana.	**Аз заминавам утре.** [az zaminávam útre]
Nos vamos mañana.	**Ние утре заминаваме.** [nie útre zaminávame]
¡Que tenga un buen viaje!	**Щастливо пътуване!** [ʃtastlívo pətúvane!]
Ha sido un placer.	**Беше ми приятно да се запознаем.** [béʃe mi prijátno da se zapoznáem]
Fue un placer hablar con usted.	**Беше ми приятно да поговоря с вас.** [béʃe mi prijátno da pogovórʲa s vas]
Gracias por todo.	**Благодаря за всичко.** [blagodarʲá za fsíʧko]

Lo he pasado muy bien.	**Прекрасно прекарах времето.** [prekrásno prekárah vrémeto]
Lo pasamos muy bien.	**Ние прекрасно прекарахме времето.** [nie prekrásno prekárahme vrémeto]
Fue genial.	**Всичкото беше страхотно.** [fsítʃkoto béʃe strahótno]
Le voy a echar de menos.	**Ще скучая.** [ʃte skutʃája]
Le vamos a echar de menos.	**Ние ще скучаем.** [nie ʃte skutʃáem]

¡Suerte!	**Късмет! Успех!** [kəsmét! uspéh!]
Saludos a …	**Предайте поздрави на …** [predájte pózdravi na …]

Idioma extranjero

No entiendo.	**Аз не разбирам.** [az ne razbíram]
Escríbalo, por favor.	**Напишете това, моля.** [napíʃéte tová, mól'a]
¿Habla usted ...?	**Знаете ли ...?** [znáete li ...?]

Hablo un poco de ...	**Малко знам ...** [málko znam ...]
inglés	**английски** [anglíjski]
turco	**турски** [túrski]
árabe	**арабски** [arápski]
francés	**френски** [frénski]

alemán	**немски** [némski]
italiano	**италиански** [italiánski]
español	**испански** [ispánski]
portugués	**португалски** [portugálski]
chino	**китайски** [kitájski]
japonés	**японски** [japónski]

¿Puede repetirlo, por favor?	**Повторете, моля.** [poftoréte, mól'a]
Lo entiendo.	**Аз разбирам.** [az razbíram]
No entiendo.	**Аз не разбирам.** [az ne razbíram]
Hable más despacio, por favor.	**Говорете по-бавно, моля.** [govórete po-bávno, mól'a]

¿Está bien?	**Това правилно ли е?** [tová právilno li e?]
¿Qué es esto? (¿Que significa esto?)	**Какво е това?** [kakvó e tová?]

Disculpas

Perdone, por favor.	**Извинете, моля.** [izvinéte, mólʲa]
Lo siento.	**Съжалявам.** [səʒalʲávam]
Lo siento mucho.	**Много съжалявам.** [mnógo səʒalʲávam]
Perdón, fue culpa mía.	**Виновен съм, вината е моя.** [vinóven səm, vináta e mója]
Culpa mía.	**Грешката е моя.** [greʃkata e mója]

¿Puedo ...?	**Мога ли ...?** [móga li ...?]
¿Le molesta si ...?	**Имате ли нещо против, ако аз ...?** [ímate li néʃto protív, akó az ...?]
¡No hay problema! (No pasa nada.)	**Няма нищо.** [nʲáma níʃto]
Todo está bien.	**Всичко е наред.** [fsítʃko e naréd]
No se preocupe.	**Не се безпокойте.** [ne se bespokójte]

Acuerdos

Sí.	**Да.** [da]
Sí, claro.	**Да, разбира се.** [da, razbíra se]
Bien.	**Добре!** [dobré!]
Muy bien.	**Много добре!** [mnógo dobré!]
¡Claro que sí!	**Разбира се!** [razbíra se!]
Estoy de acuerdo.	**Съгласен /съгласна/ съм.** [səglásen /səglásna/ səm]

Es verdad.	**Вярно.** [vʲárno]
Es correcto.	**Правилно.** [právilno]
Tiene razón.	**Прав /права/ сте.** [prav /práva/ ste]
No me molesta.	**Не възразявам.** [ne vəzrazʲávam]
Es completamente cierto.	**Абсолютно вярно.** [absolʲútno vʲárno]

Es posible.	**Това е възможно.** [tová e vəzmóʒno]
Es una buena idea.	**Това е добра идея.** [tová e dobrá idéja]
No puedo decir que no.	**Не мога да откажа.** [ne móga da otkáʒa]
Estaré encantado /encantada/.	**Ще се радвам.** [ʃte se rádvam]
Será un placer.	**С удоволствие.** [s udovólstvie]

Rechazo. Expresar duda

No.

Не.
[ne]

Claro que no.

Не, разбира се.
[ne, razbíra se]

No estoy de acuerdo.

Аз не съм съгласен /съгласна/.
[az ne səm səglásen /səglásna/]

No lo creo.

Аз не мисля така.
[az ne míslʲa taká]

No es verdad.

Това не е вярно.
[tová ne e vʲárno]

No tiene razón.

Грешите.
[greʃíte]

Creo que no tiene razón.

Мисля, че грешите.
[míslʲa, ʧe greʃíte]

No estoy seguro /segura/.

Не съм сигурен /сигурна/.
[ne səm síguren /sígurna/]

No es posible.

Това не е възможно.
[tová ne e vəzmóʒno]

¡Nada de eso!

Нищо подобно!
[niʃto podóbno!]

Justo lo contrario.

Напротив!
[naprótiv!]

Estoy en contra de ello.

Аз съм против.
[az səm protív]

No me importa. (Me da igual.)

На мен ми е все едно.
[na men mi e fse ednó]

No tengo ni idea.

Нямам представа.
[nʲámam pretstáva]

Dudo que sea así.

Съмнявам се, че е така.
[səmnʲávam se, ʧe e taká]

Lo siento, no puedo.

Извинете ме, аз не мога.
[izvinéte me, az ne móga]

Lo siento, no quiero.

Извинете ме, аз не искам.
[izvinéte me, az ne ískam]

Gracias, pero no lo necesito.

Благодаря, това не ми трябва.
[blagodarʲá, tová ne mi trʲábva]

Ya es tarde.

Вече е късно.
[véʧe e kə́sno]

Tengo que levantarme temprano.

Трябва рано да ставам.
[tr'ábva ráno da stávam]

Me encuentro mal.

Чувствам се зле.
[ʧúfstvam se zle]

Expresar gratitud

Gracias.	**Благодаря.** [blagodar'á]
Muchas gracias.	**Много благодаря.** [mnógo blagodar'á]
De verdad lo aprecio.	**Много съм признателен** **/признателна/.** [mnógo səm priznátelen /priznátelna/]
Se lo agradezco.	**Много съм ви благодарен** **/благодарна/.** [mnógo səm vi blagodáren /blagodárna/]
Se lo agradecemos.	**Ние сме ви благодарни.** [nie sme vi blagodárni]
Gracias por su tiempo.	**Благодаря ви, че отделихте време.** [blagodar'á vi, tʃe otdelíhte vréme]
Gracias por todo.	**Благодаря за всичко.** [blagodar'á za fsítʃko]
Gracias por …	**Благодаря за …** [blagodar'á za …]
su ayuda	**вашата помощ** [váʃata pómoʃt]
tan agradable momento	**хубавото време** [húbavoto vréme]
una comida estupenda	**чудната храна** [tʃúdnata hraná]
una velada tan agradable	**приятната вечер** [prijátnata vétʃer]
un día maravilloso	**прекрасния ден** [prekrásnija den]
un viaje increíble	**интересната екскурзия** [interésnata ekskúrzija]
No hay de qué.	**Няма за що.** [n'áma za ʃto]
De nada.	**Моля.** [mól'a]
Siempre a su disposición.	**Винаги моля.** [vínagi mól'a]
Encantado /Encantada/ de ayudarle.	**Радвам се, че помогнах.** [rádvam se, tʃe pomógnah]

No hay de qué.

Забравете.
[zabravéte]

No tiene importancia.

Не се безпокойте.
[ne se bespokójte]

Felicitaciones , Mejores Deseos

¡Felicidades!	**Поздравявам!** [pozdravʲávam!]
¡Feliz Cumpleaños!	**Честит рожден ден!** [tʃestít roʒdén den!]
¡Feliz Navidad!	**Весела Коледа!** [vésela kóleda!]
¡Feliz Año Nuevo!	**Честита Нова година!** [tʃestíta nóva godína!]
¡Felices Pascuas!	**Честит Великден!** [tʃestít velíkden!]
¡Feliz Hanukkah!	**Честита Ханука!** [tʃestíta hánuka!]
Quiero brindar.	**Имам тост.** [ímam tost]
¡Salud!	**За вашето здраве!** [za váʃeto zdráve!]
¡Brindemos por ...!	**Да пием за ...!** [da piém za ...!]
¡A nuestro éxito!	**За нашия успех!** [za náʃija uspéh!]
¡A su éxito!	**За вашия успех!** [za váʃija uspéh!]
¡Suerte!	**Късмет!** [kəsmét!]
¡Que tenga un buen día!	**Приятен ден!** [prijáten den!]
¡Que tenga unas buenas vacaciones!	**Хубава почивка!** [húbava potʃífka!]
¡Que tenga un buen viaje!	**Успешно пътуване!** [uspéʃno pətúvane!]
¡Espero que se recupere pronto!	**Желая ви скорошно оздравяване!** [ʒelája vi skóroʃno ozdravʲávane!]

Socializarse

¿Por qué está triste?	**Защо сте разстроени?** [zaʃtó ste rasstróeni?]
¡Sonría! ¡Anímese!	**Усмихнете се!** [usmihnéte se!]
¿Está libre esta noche?	**Заети ли сте днес вечерта?** [zaéti li ste dnes vetʃertá?]

¿Puedo ofrecerle algo de beber?	**Мога ли да ви предложа едно питие?** [móga li da vi predlóʒa ednó pitié?]
¿Querría bailar conmigo?	**Искате ли да танцувате?** [ískate li da tantsúvate?]
Vamos a ir al cine.	**Да отидем ли на кино?** [da otídem li na kíno?]

¿Puedo invitarle a ...?	**Мога ли да ви поканя на ...?** [móga li da vi pokánʲa na ...?]
un restaurante	**ресторант** [restoránt]
el cine	**кино** [kíno]
el teatro	**театър** [teátər]
dar una vuelta	**на разходка** [na rashótka]

¿A qué hora?	**В колко?** [v kólko?]
esta noche	**днес вечерта** [dnes vetʃertá]
a las seis	**в 6 часа** [v ʃest tʃasá]
a las siete	**в 7 часа** [v sédem tʃasá]
a las ocho	**в 8 часа** [v ósem tʃasá]
a las nueve	**в 9 часа** [v dévet tʃasá]

¿Le gusta este lugar?	**Харесва ли ви тук?** [harésva li vi tuk?]
¿Está aquí con alguien?	**С някой ли сте тук?** [s nʲákoj li ste tuk?]

Estoy con mi amigo /amiga/.

Аз съм с приятел /приятелка/.
[az səm s prijátel /prijátelka/]

Estoy con amigos.

Аз съм с приятели.
[az səm s prijáteli]

No, estoy solo /sola/.

Аз съм сам /сама/.
[az səm sam /samá/]

¿Tienes novio?

Имаш ли приятел?
[ímaʃ li prijátel?]

Tengo novio.

Аз имам приятел.
[az ímam prijátel]

¿Tienes novia?

Имаш ли приятелка?
[ímaʃ li prijátelka?]

Tengo novia.

Аз имам гадже.
[az ímam gádʒe]

¿Te puedo volver a ver?

Ще се видим ли още?
[ʃte se vídim li oʃté?]

¿Te puedo llamar?

Мога ли да ти се обадя?
[móga li da ti se obádia?]

Llámame.

Обади ми се.
[obádi mi se]

¿Cuál es tu número?

Какъв ти е номерът?
[kakév ti e nómerət?]

Te echo de menos.

Липсваш ми.
[lípsvaʃ mi]

¡Qué nombre tan bonito!

Имате много красиво име.
[ímate mnógo krasívo íme]

Te quiero.

Аз те обичам.
[az te obítʃam]

¿Te casarías conmigo?

Омъжи се за мен.
[oméʒi se za men]

¡Está de broma!

Шегувате се!
[ʃegúvate se!]

Sólo estoy bromeando.

Аз само се шегувам.
[az sámo se ʃegúvam]

¿En serio?

Сериозно ли говорите?
[seriózno li govórite?]

Lo digo en serio.

Сериозен /сериозна/ съм.
[seriózen /seriózna/ səm]

¿De verdad?

Наистина ли?!
[naístina li?!]

¡Es increíble!

Това е невероятно!
[tová e neverojátno!]

No le creo.

Не ви вярвам.
[ne vi viárvam]

No puedo.

Аз не мога.
[az ne móga]

No lo sé.

Аз не знам.
[az ne znam]

No le entiendo.

Аз не ви разбирам.
[az ne vi razbíram]

Váyase, por favor.

Вървете си, моля.
[vərvéte si, mólʲa]

¡Déjeme en paz!

Оставете ме на мира!
[ostávete me na mirá!]

Es inaguantable.

Не го понасям.
[ne go ponásʲam]

¡Es un asqueroso!

Отвратителен сте!
[otvratítelen ste!]

¡Llamaré a la policía!

Ще повикам полиция!
[ʃte póvikam polítsija!]

Compartir impresiones. Emociones

Me gusta.	**Това ми харесва.** [tová mi harésva]
Muy lindo.	**Много мило.** [mnógo mílo]
¡Es genial!	**Това е страхотно!** [tová e strahótno!]
No está mal.	**Не е лошо.** [ne e lóʃo]
No me gusta.	**Това не ми харесва.** [tová ne mi harésva]
No está bien.	**Това не е добре.** [tová ne e dobré]
Está mal.	**Това е лошо.** [tová e lóʃo]
Está muy mal.	**Това е много лошо.** [tová e mnógo lóʃo]
¡Qué asco!	**Това е отвратително.** [tová e otvratítelno]
Estoy feliz.	**Щастлив /щастлива/ съм.** [ʃtastlív /ʃtastlíva/ səm]
Estoy contento /contenta/.	**Доволен /доволна/ съм.** [dovólen /dovólna/ səm]
Estoy enamorado /enamorada/.	**Влюбен /влюбена/ съм.** [vlʲúben /vlʲúbena/ səm]
Estoy tranquilo.	**Спокоен /спокойна/ съм.** [spokóen /spokójna/ səm]
Estoy aburrido.	**Скучно ми е.** [skúʧno mi e]
Estoy cansado /cansada/.	**Аз се измморих.** [az se izmoríh]
Estoy triste.	**Тъжно ми е.** [téʒno mi e]
Estoy asustado.	**Уплашен /уплашена/ съм.** [upláʃen /upláʃena/ səm]
Estoy enfadado /enfadada/.	**Ядосвам се.** [jadósvam se]
Estoy preocupado /preocupada/.	**Вълнувам се.** [vəlnúvam se]
Estoy nervioso /nerviosa/.	**Аз нервнича.** [az nérvniʧa]

Estoy celoso /celosa/.

Аз завиждам.
[az zavízdam]

Estoy sorprendido /sorprendida/.

Учуден /учудена/ съм.
[utʃúden /utʃúdena/ səm]

Estoy perplejo /perpleja/.

Аз съм объркан /объркана/.
[az səm obérkan /obérkana/]

Problemas, Accidentes

Tengo un problema.	**Аз имам проблем.** [az ímam problém]
Tenemos un problema.	**Ние имаме проблем.** [nie ímame problém]
Estoy perdido /perdida/.	**Аз се заблудих.** [az se zablúdih]
Perdi el último autobús (tren).	**Аз закъснях за последния автобус (влак).** [az zakəsnʲáh za poslédniʲa aftobús (vlak)]
No me queda más dinero.	**Не ми останаха никакви пари.** [ne mi ostánaha níkakvi parí]

He perdido ...	**Аз загубих ...** [az zagúbih ...]
Me han robado ...	**Откраднаха ми ...** [otkrádnaha mi ...]
mi pasaporte	**паспорта** [paspórta]
mi cartera	**портмонето** [portmonéto]
mis papeles	**документите** [dokuméntite]
mi billete	**билета** [biléta]

mi dinero	**парите** [paríte]
mi bolso	**чантата** [tʃántata]
mi cámara	**фотоапарата** [fotoaparáta]
mi portátil	**лаптопа** [laptópa]
mi tableta	**таблета** [tabléta]
mi teléfono	**телефона** [telefóna]

¡Ayúdeme!	**Помогнете!** [pomognéte!]
¿Qué pasó?	**Какво се случи?** [kakvó se slutʃí?]

el incendio	пожар
	[poʒár]
un tiroteo	стрелба
	[strelbá]
el asesinato	убийство
	[ubíjstvo]
una explosión	взрив
	[vzriv]
una pelea	бой
	[boj]

¡Llame a la policía!	Извикайте полиция!
	[izvikájte polítsija!]
¡Más rápido, por favor!	Моля, по-бързо!
	[mólʲa, po-bérzo!]
Busco la comisaría.	Аз търся полицейски участък.
	[az térsʲa politséjski u'tʃastək]
Tengo que hacer una llamada.	Трябва да се обадя.
	[trʲábva da se obádʲa]
¿Puedo usar su teléfono?	Мога ли да се обадя?
	[móga li da se obádʲa?]

Me han ...	Мен ме ...
	[men me ...]
asaltado /asaltada/	ограбиха
	[ográbiha]
robado /robada/	обраха
	[obráha]
violada	изнасилиха
	[iznasíliha]
atacado /atacada/	пребиха
	[prebíha]

¿Se encuentra bien?	Всичко ли е наред?
	[fsítʃko li e naréd?]
¿Ha visto quien a sido?	Видяхте ли, кой беше?
	[vidʲáhte li, koj béʃe?]
¿Sería capaz de reconocer a la persona?	Ще можете ли да го познаете?
	[ʃte móʒete li da go poznáete?]
¿Está usted seguro?	Сигурен /сигурна/ ли сте?
	[síguren /sígurna/ li ste?]

Por favor, cálmese.	Моля, да се успокоите.
	[mólʲa, da se uspokóite]
¡Cálmese!	По-спокойно!
	[po-spokójno!]
¡No se preocupe!	Не се безпокойте.
	[ne se bespokójte]
Todo irá bien.	Всичко ще се оправи.
	[fsítʃko ʃte se oprávi]
Todo está bien.	Всичко е наред.
	[fsítʃko e naréd]

Venga aquí, por favor.

Елате, моля.
[eláte, mólʲa]

Tengo unas preguntas para usted.

Имам няколко въпроса към Вас.
[ímam nʲakólko vəprósa kəm vas]

Espere un momento, por favor.

Изчакайте, моля.
[iztʃákajte, mólʲa]

¿Tiene un documento de identidad?

Имате ли документи?
[ímate li dokuménti?]

Gracias. Puede irse ahora.

Благодаря. Свободни сте.
[blagodarʲá. svobódni ste]

¡Manos detrás de la cabeza!

Ръцете зад тила!
[rətséte zat tíla!]

¡Está arrestado!

Арестуван /арестувана/ сте!
[arestúvan /arestúvana/ ste!]

Problemas de salud

Ayudeme, por favor.	**Помогнете, моля.** [pomognéte, mólʲa]
No me encuentro bien.	**Лошо ми е.** [lóʃo mi e]
Mi marido no se encuentra bien.	**На мъжа ми му е лошо.** [na məʒá mi mu e lóʃo]
Mi hijo …	**На сина ми …** [na siná mi …]
Mi padre …	**На баща ми …** [na baʃtá mi …]

Mi mujer no se encuentra bien.	**На жена ми и е лошо.** [na ʒená mi i e lóʃo]
Mi hija …	**На дъщеря ми …** [na dəʃterʲá mi …]
Mi madre …	**На майка ми …** [na májka mi …]

Me duele …	**Боли ме …** [bolí me …]
la cabeza	**главата** [glaváta]
la garganta	**гърлото** [gérloto]
el estómago	**корема** [koréma]
un diente	**зъба** [zéba]

Estoy mareado.	**Ви е ми се свят.** [vi e mi se svʲat]
Él tiene fiebre.	**Той има температура.** [toj íma temperatúra]
Ella tiene fiebre.	**Тя има температура.** [tʲa íma temperatúra]
No puedo respirar.	**Аз не мога да дишам.** [az ne móga da díʃam]

Me ahogo.	**Аз се задъхвам.** [az se zadéhvam]
Tengo asma.	**Аз съм астматик.** [az səm astmatík]
Tengo diabetes.	**Аз съм диабетик.** [az səm diabetík]

No puedo dormir.

Имам безсъние.
[ímam bessénie]

intoxicación alimentaria

хранително отравяне
[hranítelno otráv'ane]

Me duele aquí.

Тук ме боли.
[tuk me bolí]

¡Ayúdeme!

Помогнете!
[pomognéte!]

¡Estoy aquí!

Аз съм тук!
[az səm tuk!]

¡Estamos aquí!

Ние сме тук!
[nie sme tuk!]

¡Saquenme de aquí!

Извадете ме!
[izvadéte me!]

Necesito un médico.

Трябва ми лекар.
[tr'ábva mi lékar]

No me puedo mover.

Не мога да мърдам.
[ne móga da mérdam]

No puedo mover mis piernas.

Не си чувствам краката.
[ne si t͡ʃúfstvam krakáta]

Tengo una herida.

Аз съм ранен /ранена/.
[az səm ránen /ránena/]

¿Es grave?

Сериозно ли е?
[seriózno li e?]

Mis documentos están en mi bolsillo.

Документите ми са в джоба.
[dokuméntite mi sa v d͡ʒóba]

¡Cálmese!

Успокойте се!
[uspokójte se!]

¿Puedo usar su teléfono?

Мога ли да се обадя?
[móga li da se obád'a?]

¡Llame a una ambulancia!

Повикайте бърза помощ!
[povikájte bérza pómoʃt!]

¡Es urgente!

Това е спешно!
[tová e spéʃno!]

¡Es una emergencia!

Това е много спешно!
[tová e mnógo spéʃno!]

¡Más rápido, por favor!

Моля, по-бързо!
[mól'a, po-bérzo!]

¿Puede llamar a un médico, por favor?

Повикайте лекар, моля.
[povikájte lékar, mól'a]

¿Dónde está el hospital?

Кажете, моля, къде е болницата?
[ka͡ʒéte, mól'a, kədé e bólnitsata?]

¿Cómo se siente?

Как се чувствате?
[kak se t͡ʃúfstvate?]

¿Se encuentra bien?

Всичко ли е наред?
[fsít͡ʃko li e naréd?]

¿Qué pasó?

Какво се случи?
[kakvó se slut͡ʃí?]

Me encuentro mejor.	**Вече ми е по-добре.** [vétʃe mi e po-dobré]
Está bien.	**Всичко е наред.** [fsítʃko e naréd]
Todo está bien.	**Всичко е наред.** [fsítʃko e naréd]

En la farmacia

la farmacia	**аптека** [aptéka]
la farmacia 24 horas	**денонощна аптека** [denonóʃtna aptéka]
¿Dónde está la farmacia más cercana?	**Къде е най-близката аптека?** [kədé e naj-blízkata aptéka?]

¿Está abierta ahora?	**Сега отворена ли е?** [segá otvórena li e?]
¿A qué hora abre?	**В колко се отваря?** [v kólko se otvárⁱa?]
¿A qué hora cierra?	**До колко работи?** [do kólko ráboti?]

¿Está lejos?	**Далече ли е?** [dalétʃe li e?]
¿Puedo llegar a pie?	**Ще стигна ли дотам пеша?** [ʃte stígna li dotám péʃa?]
¿Puede mostrarme en el mapa?	**Покажете ми на картата, моля.** [pokaʒéte mi na kártata, mólⁱa]

Por favor, deme algo para ...	**Дайте ми нещо за ...** [dájte mi néʃto za ...]
un dolor de cabeza	**главоболие** [glavobólie]
la tos	**кашлица** [káʃlitsa]
el resfriado	**настинка** [nastínka]
la gripe	**грип** [grip]

la fiebre	**температура** [temperatúra]
un dolor de estomago	**болки в стомаха** [bólki v stomáha]
nauseas	**повръщане** [povréʃtane]
la diarrea	**диария** [diárija]
el estreñimiento	**запек** [zápek]
un dolor de espalda	**болки в гърба** [bólki v gérba]

un dolor de pecho	**болки в гърдите** [bólki v gərdíte]
el flato	**болки отстрани** [bólki otstraní]
un dolor abdominal	**болки в корема** [bólki v koréma]

la píldora	**таблетка** [tablétka]
la crema	**маз, мехлем, крем** [maz, mehlém, krem]
el jarabe	**сироп** [siróp]
el spray	**спрей** [sprej]
las gotas	**капки** [kápki]

Tiene que ir al hospital.	**Трябва да отидете в болница.** [tr'ábva da otidéte v bólnitsa]
el seguro de salud	**застраховка** [zastrahófka]
la receta	**рецепта** [retsépta]
el repelente de insectos	**препарат от насекоми** [preparát ot nasekómi]
la curita	**лейкопласт** [lejkoplást]

Lo más imprescindible

Perdone, …	**Извинете, …** [izvinéte, …]
Hola.	**Здравейте.** [zdravéjte]
Gracias.	**Благодаря.** [blagodar'á]
Sí.	**Да.** [da]
No.	**Не.** [ne]
No lo sé.	**Аз не знам.** [az ne znam]
¿Dónde?	¿A dónde?	¿Cuándo?	**Къде?	Накъде?	Кога?** [kədé?	nakədé?	kogá?]
Necesito …	**Трябва ми …** [tr'ábva mi …]
Quiero …	**Аз искам …** [az ískam …]
¿Tiene …?	**Имате ли …?** [ímate li …?]
¿Hay … por aquí?	**Тук има ли …?** [tuk íma li …?]
¿Puedo …?	**Мога ли …?** [móga li …?]
…, por favor? (petición educada)	**Моля.** [mól'a]
Busco …	**Аз търся …** [az tórs'a …]
el servicio	**тоалетна** [toalétna]
un cajero automático	**банкомат** [bankomát]
una farmacia	**аптека** [aptéka]
el hospital	**болница** [bólnitsa]
la comisaría	**полицейски участък** [politséjski učástək]
el metro	**метро** [metró]

un taxi	**такси** [táksi]
la estación de tren	**гара** [gára]

Me llamo …	**Казвам се …** [kázvam se …]
¿Cómo se llama?	**Как се казвате?** [kak se kázvate?]
¿Puede ayudarme, por favor?	**Помогнете ми, моля.** [pomognéte mi, mólʲa]
Tengo un problema.	**Аз имам проблем.** [az ímam problém]
Me encuentro mal.	**Лошо ми е.** [lóʃo mi e]
¡Llame a una ambulancia!	**Повикайте бърза помощ!** [povikájte bérza pómoʃt!]
¿Puedo llamar, por favor?	**Може ли да се обадя?** [móʒe li da se obádʲa?]

Lo siento.	**Извинявам се.** [izvinʲávam se]
De nada.	**Моля.** [mólʲa]

Yo	**аз** [az]
tú	**ти** [ti]
él	**той** [toj]
ella	**тя** [tʲa]
ellos	**те** [te]
ellas	**те** [te]
nosotros /nosotras/	**ние** [nie]
ustedes, vosotros	**вие** [víe]
usted	**Вие** [víe]

ENTRADA	**ВХОД** [vhod]
SALIDA	**ИЗХОД** [íshot]
FUERA DE SERVICIO	**НЕ РАБОТИ** [ne ráboti]
CERRADO	**ЗАТВОРЕНО** [zatvóreno]

ABIERTO

ОТВОРЕНО
[otvóreno]

PARA SEÑORAS

ЗА ЖЕНИ
[za ʒení]

PARA CABALLEROS

ЗА МЪЖЕ
[za məʒé]

T&P BOOKS

DICCIONARIO CONCISO

Esta sección contiene más
de 1.500 palabras útiles.
El diccionario incluye muchos
términos gastronómicos
y será de gran ayuda para
pedir alimentos en un
restaurante o comprando
comestibles en la tienda

T&P Books Publishing

CONTENIDO
DEL DICCIONARIO

1. La hora. El calendario 78

2. Números. Los numerales 79

3. El ser humano. Los familiares 80

4. El cuerpo. La anatomía humana 81

5. La medicina. Las drogas 83

6. Los sentimientos. Las emociones 84

7. La ropa. Accesorios personales 85

8. La ciudad. Las instituciones urbanas 86

9. El dinero. Las finanzas 88

10. El transporte 89

11. La comida. Unidad 1 90

12. La comida. Unidad 2 91

13. La casa. El apartamento. Unidad 1 92

14. La casa. El apartamento. Unidad 2 94

15. Los trabajos. El estatus social 95

16. Los deportes 96

17. Los idiomas extranjeros. La ortografía   97
18. La Tierra. La geografía   99
19. Los países. Unidad 1   100
20. Los países. Unidad 2   101
21. El tiempo. Los desastres naturales   103
22. Los animales. Unidad 1   104
23. Los animales. Unidad 2   105
24. Los árboles. Las plantas   106
25. Varias palabras útiles   107
26. Los adjetivos. Unidad 1   109
27. Los adjetivos. Unidad 2   110
28. Los verbos. Unidad 1   111
29. Los verbos. Unidad 2   112
30. Los verbos. Unidad 3   114

T&P Books Publishing

tiempo (m)	време (c)	[vréme]
hora (f)	час (м)	[tʃas]
media hora (f)	половин час (м)	[polovín tʃas]
minuto (m)	минута (ж)	[minúta]
segundo (m)	секунда (ж)	[sekúnda]
hoy (adv)	днес	[dnes]
mañana (adv)	утре	[útre]
ayer (adv)	вчера	[vtʃéra]
lunes (m)	понеделник (м)	[ponedélnik]
martes (m)	вторник (м)	[ftórnik]
miércoles (m)	сряда (ж)	[srʲáda]
jueves (m)	четвъртък (м)	[tʃetvártək]
viernes (m)	петък (м)	[pétək]
sábado (m)	събота (ж)	[sébota]
domingo (m)	неделя (ж)	[nedélʲa]
día (m)	ден (м)	[den]
día (m) de trabajo	работен ден (м)	[rabóten den]
día (m) de fiesta	празничен ден (м)	[práznitʃen den]
fin (m) de semana	почивни дни (м мн)	[potʃívni dni]
semana (f)	седмица (ж)	[sédmitsa]
semana (f) pasada	през миналата седмица	[pres mínalata sédmitsa]
semana (f) que viene	през следващата седмица	[pres slédvaʃtata sédmitsa]
salida (f) del sol	изгрев слънце (c)	[ízgrev sléntsə]
puesta (f) del sol	залез (м)	[zález]
por la mañana	сутринта	[sutrintá]
por la tarde	следобед	[sledóbet]
por la noche	вечер	[vétʃer]
esta noche (p.ej. 8:00 p.m.)	довечера	[dovétʃera]
por la noche	нощем	[nóʃtem]
medianoche (f)	полунощ (ж)	[polunóʃt]
enero (m)	януари (м)	[januári]
febrero (m)	февруари (м)	[fevruári]
marzo (m)	март (м)	[mart]
abril (m)	април (м)	[apríl]
mayo (m)	май (м)	[maj]
junio (m)	юни (м)	[júni]

julio (m)	юли (м)	[júli]
agosto (m)	август (м)	[ávgust]
septiembre (m)	септември (м)	[septémvri]
octubre (m)	октомври (м)	[októmvri]
noviembre (m)	ноември (м)	[noémvri]
diciembre (m)	декември (м)	[dekémvri]

en primavera	през пролетта	[prez prolettá]
en verano	през лятото	[prez lʲátoto]
en otoño	през есента	[prez esentá]
en invierno	през зимата	[prez zímata]

mes (m)	месец (м)	[mésets]
estación (f)	сезон (м)	[sezón]
año (m)	година (ж)	[godína]
siglo (m)	век (м)	[vek]

2. Números. Los numerales

cifra (f)	цифра (ж)	[tsífra]
número (m) (~ cardinal)	число (с)	[ʧisló]
menos (m)	минус (м)	[mínus]
más (m)	плюс (м)	[plʲus]
suma (f)	сума (ж)	[súma]

primero (adj)	първи	[pérvi]
segundo (adj)	втори	[ftóri]
tercero (adj)	трети	[tréti]

cero	нула (ж)	[núla]
uno	едно	[ednó]
dos	две	[dve]
tres	три	[tri]
cuatro	четири	[ʧétiri]

cinco	пет	[pet]
seis	шест	[ʃest]
siete	седем	[sédem]
ocho	осем	[ósem]
nueve	девет	[dévet]
diez	десет	[déset]

once	единадесет	[edinádeset]
doce	дванадесет	[dvanádeset]
trece	тринадесет	[trinádeset]
catorce	четиринадесет	[ʧetirinádeset]
quince	петнадесет	[petnádeset]

| dieciséis | шестнадесет | [ʃesnádeset] |
| diecisiete | седемнадесет | [sedemnádeset] |

dieciocho	осемнадесет	[osemnádeset]
diecinueve	деветнадесет	[devetnádeset]
veinte	двадесет	[dvádeset]
treinta	тридесет	[trídeset]
cuarenta	четиридесет	[tʃetírideset]
cincuenta	петдесет	[petdesét]
sesenta	шестдесет	[ʃestdesét]
setenta	седемдесет	[sedemdesét]
ochenta	осемдесет	[osemdesét]
noventa	деветдесет	[devetdesét]
cien	сто	[sto]
doscientos	двеста	[dvésta]
trescientos	триста	[trísta]
cuatrocientos	четиристотин	[tʃétiri·stótin]
quinientos	петстотин	[pét·stótin]
seiscientos	шестстотин	[ʃést·stótin]
setecientos	седемстотин	[sédem·stótin]
ochocientos	осемстотин	[ósem·stótin]
novecientos	деветстотин	[dévet·stótin]
mil	хиляда (ж)	[hilʲáda]
diez mil	десет хиляди	[déset hílʲadi]
cien mil	сто хиляди	[sto hílʲadi]
millón (m)	милион (м)	[milión]
mil millones	милиард (м)	[miliárt]

3. El ser humano. Los familiares

hombre (m) (varón)	мъж (м)	[məʒ]
joven (m)	младеж (м)	[mladéʒ]
adolescente (m)	тийнейджър (м)	[tinéjdʒər]
mujer (f)	жена (ж)	[ʒená]
muchacha (f)	девойка (ж)	[devójka]
edad (f)	възраст (ж)	[vézrast]
adulto	възрастен	[vézrasten]
de edad media (adj)	на средна възраст	[na srédna vézrast]
anciano, mayor (adj)	възрастен	[vézrasten]
viejo (adj)	стар	[star]
anciano (m)	старец (м)	[stárets]
anciana (f)	старица (ж)	[stáritsa]
jubilación (f)	пенсия (ж)	[pénsija]
jubilarse	пенсионирам се	[pensioníram se]
jubilado (m)	пенсионер (м)	[pensionér]
madre (f)	майка (ж)	[májka]
padre (m)	баща (м)	[baʃtá]

hijo (m)	син (м)	[sin]
hija (f)	дъщеря (ж)	[dəfterʲá]
hermano (m)	брат (м)	[brat]
hermana (f)	сестра (ж)	[sestrá]

padres (pl)	родители (м мн)	[rodíteli]
niño -a (m, f)	дете (с)	[deté]
niños (pl)	деца (с мн)	[detsá]
madrastra (f)	мащеха (ж)	[máʃteha]
padrastro (m)	пастрок (м)	[pástrok]

abuela (f)	баба (ж)	[bába]
abuelo (m)	дядо (м)	[dʲádo]
nieto (m)	внук (м)	[vnuk]
nieta (f)	внучка (ж)	[vnútʃka]
nietos (pl)	внуци (м мн)	[vnútsi]

tío (m)	вуйчо (м)	[vújtʃo]
tía (f)	леля (ж)	[lélʲa]
sobrino (m)	племенник (м)	[plémennik]
sobrina (f)	племенница (ж)	[plémennitsa]

mujer (f)	жена (ж)	[ʒená]
marido (m)	мъж (м)	[məʒ]
casado (adj)	женен	[ʒénen]
casada (adj)	омъжена	[omέʒena]
viuda (f)	вдовица (ж)	[vdovítsa]
viudo (m)	вдовец (м)	[vdovéts]

nombre (m)	име (с)	[íme]
apellido (m)	фамилия (ж)	[famílija]

pariente (m)	роднина (м, ж)	[rodnína]
amigo (m)	приятел (м)	[prijátel]
amistad (f)	приятелство (с)	[prijátelstvo]

compañero (m)	партньор (м)	[partnʲór]
superior (m)	началник (м)	[natʃálnik]
colega (m, f)	колега (м, ж)	[koléga]
vecinos (pl)	съседи (м мн)	[səsédi]

4. El cuerpo. La anatomía humana

organismo (m)	организъм (м)	[organízəm]
cuerpo (m)	тяло (с)	[tʲálo]
corazón (m)	сърце (с)	[sərtsé]
sangre (f)	кръв (ж)	[krəv]
cerebro (m)	мозък (м)	[mózək]
nervio (m)	нерв (м)	[nerv]
hueso (m)	кост (ж)	[kost]

esqueleto (m)	скелет (м)	[skélet]
columna (f) vertebral	гръбнак (м)	[grəbnák]
costilla (f)	ребро (с)	[rebró]
cráneo (m)	череп (м)	[ʧérep]

músculo (m)	мускул (м)	[múskul]
pulmones (m pl)	бели дробове (м мн)	[béli dróbove]
piel (f)	кожа (ж)	[kóʒa]

cabeza (f)	глава (ж)	[glavá]
cara (f)	лице (с)	[litsé]
nariz (f)	нос (м)	[nos]
frente (f)	чело (с)	[ʧeló]
mejilla (f)	буза (ж)	[búza]
boca (f)	уста (ж)	[ustá]
lengua (f)	език (м)	[ezík]
diente (m)	зъб (м)	[zəp]
labios (m pl)	устни (ж мн)	[ústni]
mentón (m)	брадичка (ж)	[bradíʧka]

oreja (f)	ухо (с)	[uhó]
cuello (m)	шия (ж)	[ʃíja]
garganta (f)	гърло (с)	[gérlo]

ojo (m)	око (с)	[okó]
pupila (f)	зеница (ж)	[zénitsa]
ceja (f)	вежда (ж)	[véʒda]
pestaña (f)	мигла (ж)	[mígla]

pelo, cabello (m)	коса (ж)	[kosá]
peinado (m)	прическа (ж)	[priʧéska]
bigote (m)	мустаци (м мн)	[mustátsi]
barba (f)	брада (ж)	[bradá]
tener (~ la barba)	нося	[nósʲa]
calvo (adj)	плешив	[pleʃív]

mano (f)	китка (ж)	[kítka]
brazo (m)	ръка (ж)	[rəká]
dedo (m)	пръст (м)	[prəst]
uña (f)	нокът (м)	[nókət]
palma (f)	длан (ж)	[dlan]

hombro (m)	рамо (с)	[rámo]
pierna (f)	крак (м)	[krak]
planta (f)	ходило (с)	[hodílo]
rodilla (f)	коляно (с)	[kolʲáno]
talón (m)	пета (ж)	[petá]

espalda (f)	гръб (м)	[grəp]
cintura (f), talle (m)	талия (ж)	[tálija]
lunar (m)	бенка (ж)	[bénka]
marca (f) de nacimiento	родилно петно (с)	[rodílno petnó]

5. La medicina. Las drogas

salud (f)	здраве (c)	[zdráve]
sano (adj)	здрав	[zdrav]
enfermedad (f)	болест (ж)	[bólest]
estar enfermo	боледувам	[boledúvam]
enfermo (adj)	болен	[bólen]
resfriado (m)	настинка (ж)	[nastínka]
resfriarse (vr)	настина	[nastína]
angina (f)	ангина (ж)	[angína]
pulmonía (f)	пневмония (ж)	[pnevmoníja]
gripe (f)	грип (м)	[grip]
resfriado (m) (coriza)	хрема (ж)	[hréma]
tos (f)	кашлица (ж)	[káʃlitsa]
toser (vi)	кашлям	[káʃlʲam]
estornudar (vi)	кихам	[kíham]
insulto (m)	инсулт (м)	[insúlt]
ataque (m) cardiaco	инфаркт (м)	[infárkt]
alergia (f)	алергия (ж)	[alérgija]
asma (f)	астма (ж)	[ástma]
diabetes (f)	диабет (м)	[diabét]
tumor (m)	тумор (м)	[túmor]
cáncer (m)	рак (м)	[rak]
alcoholismo (m)	алкохолизъм (м)	[alkoholízəm]
SIDA (m)	СПИН (м)	[spin]
fiebre (f)	треска (ж)	[tréska]
mareo (m)	морска болест (ж)	[mórska bólest]
moradura (f)	синина (ж)	[sininá]
chichón (m)	подутина (ж)	[podutiná]
cojear (vi)	куцам	[kútsam]
dislocación (f)	изкълчване (c)	[iskélt∫vane]
dislocar (vt)	навехна	[navéhna]
fractura (f)	фрактура (ж)	[fraktúra]
quemadura (f)	изгаряне (c)	[izgárʲane]
herida (f)	рана (ж)	[rána]
dolor (m)	болка (ж)	[bólka]
dolor (m) de muelas	зъбобол (м)	[zəboból]
sudar (vi)	потя се	[potʲá se]
sordo (adj)	глух	[gluh]
mudo (adj)	ням	[nʲam]
inmunidad (f)	имунитет (м)	[imunitét]
virus (m)	вирус (м)	[vírus]
microbio (m)	микроб (м)	[mikróp]

bacteria (f)	бактерия (ж)	[baktérija]
infección (f)	инфекция (ж)	[inféktsija]
hospital (m)	болница (ж)	[bólnitsa]
cura (f)	лекуване (c)	[lekúvane]
vacunar (vt)	ваксинирам	[vaksiníram]
estar en coma	намирам се в кома	[namíram se v kóma]
revitalización (f)	реанимация (ж)	[reanimátsija]
síntoma (m)	симптом (м)	[simptóm]
pulso (m)	пулс (м)	[puls]

6. Los sentimientos. Las emociones

yo	аз	[az]
tú	ти	[ti]
él	той	[toj]
ella	тя	[tʲa]
ello	то	[to]
nosotros, -as	ние	[níe]
vosotros, -as	вие	[víe]
ellos, ellas	те	[te]
¡Hola! (fam.)	Здравей!	[zdravéj]
¡Hola! (form.)	Здравейте!	[zdravéjte]
¡Buenos días!	Добро утро!	[dobró útro]
¡Buenas tardes!	Добър ден!	[dóbər den]
¡Buenas noches!	Добър вечер!	[dóbər vétʃer]
decir hola	поздравявам	[pozdravʲávam]
saludar (vt)	приветствувам	[privétstvuvam]
¿Cómo estás?	Как си?	[kak si]
¡Chau! ¡Adiós!	Довиждане!	[dovíʒdane]
¡Gracias!	Благодаря!	[blagodarʲá]
sentimientos (m pl)	чувства (c мн)	[ʧústva]
tener hambre	искам да ям	[ískam da jam]
tener sed	искам да пия	[ískam da píja]
cansado (adj)	изморен	[izmorén]
inquietarse (vr)	безпокоя се	[bespokojá se]
estar nervioso	нервирам се	[nervíram se]
esperanza (f)	надежда (ж)	[nadéʒda]
esperar (tener esperanza)	надявам се	[nadʲávam se]
carácter (m)	характер (м)	[harákter]
modesto (adj)	скромен	[skrómen]
perezoso (adj)	мързелив	[mərzelív]
generoso (adj)	щедър	[ʃtédər]
talentoso (adj)	талантлив	[talantlíf]

honesto (adj)	честен	[tʃésten]
serio (adj)	сериозен	[seriózen]
tímido (adj)	свенлив	[svenlív]
sincero (adj)	искрен	[ískren]
cobarde (m)	страхливец (м)	[strahlívets]

dormir (vi)	спя	[spʲa]
sueño (m) (dulces ~s)	сън (м)	[sən]
cama (f)	легло (с)	[legló]
almohada (f)	възглавница (ж)	[vəzglávnitsa]

insomnio (m)	безсъние (с)	[bessénie]
irse a la cama	отивам да спя	[otívam da spʲa]
pesadilla (f)	кошмар (м)	[koʃmár]
despertador (m)	будилник (м)	[budílnik]

sonrisa (f)	усмивка (ж)	[usmífka]
sonreír (vi)	усмихвам се	[usmíhvam se]
reírse (vr)	смея се	[sméja se]

disputa (f), riña (f)	караница (ж)	[káranitsa]
insulto (m)	оскърбление (с)	[oskərblénie]
ofensa (f)	обида (ж)	[obída]
enfadado (adj)	сърдит	[sərdít]

7. La ropa. Accesorios personales

ropa (f)	облекло (с)	[oblekló]
abrigo (m)	палто (с)	[paltó]
abrigo (m) de piel	кожено палто (с)	[kóʒeno paltó]
cazadora (f)	яке (с)	[jáke]
impermeable (m)	шлифер (м)	[ʃlífer]
camisa (f)	риза (ж)	[ríza]
pantalones (m pl)	панталон (м)	[pantalón]
chaqueta (f), saco (m)	сако (с)	[sakó]
traje (m)	костюм (м)	[kostʲúm]

vestido (m)	рокля (ж)	[róklʲa]
falda (f)	пола (ж)	[polá]
camiseta (f) (T-shirt)	тениска (ж)	[téniska]
bata (f) de baño	хавлиен халат (м)	[ħavlíen halát]
pijama (m)	пижама (ж)	[piʒáma]
ropa (f) de trabajo	работно облекло (с)	[rabótno oblekló]

ropa (f) interior	бельо (с)	[belʲó]
calcetines (m pl)	чорапи (м мн)	[tʃorápi]
sostén (m)	сутиен (м)	[sutién]
pantimedias (f pl)	чорапогащник (м)	[tʃorapogáʃtnik]
medias (f pl)	чорапи (м мн)	[tʃorápi]
traje (m) de baño	бански костюм (м)	[bánski kostʲúm]

gorro (m)	шапка (ж)	[ʃápka]
calzado (m)	обувки (ж мн)	[obúfki]
botas (f pl) altas	ботуши (м мн)	[botúʃi]
tacón (m)	ток (м)	[tok]
cordón (m)	връзка (ж)	[vréska]
betún (m)	крем (м) за обувки	[krem za obúfki]

algodón (m)	памук (м)	[pamúk]
lana (f)	вълна (ж)	[vélna]
piel (f) (~ de zorro, etc.)	кожа (ж)	[kóʒa]

guantes (m pl)	ръкавици (ж мн)	[rəkavítsi]
manoplas (f pl)	ръкавици (ж мн) с един пърст	[rəkavítsi s edín pərst]
bufanda (f)	шал (м)	[ʃal]
gafas (f pl)	очила (мн)	[otʃilá]
paraguas (m)	чадър (м)	[tʃadér]

corbata (f)	вратовръзка (ж)	[vratovrézka]
moquero (m)	носна кърпичка (ж)	[nósna kérpitʃka]
peine (m)	гребен (м)	[grében]
cepillo (m) de pelo	четка (ж) за коса	[tʃétka za kosá]
hebilla (f)	катарама (ж)	[kataráma]
cinturón (m)	колан (м)	[kolán]
bolso (m)	чантичка (ж)	[tʃántitʃka]

cuello (m)	яка (ж)	[jaká]
bolsillo (m)	джоб (м)	[dʒop]
manga (f)	ръкав (м)	[rəkáv]
bragueta (f)	копчелък (м)	[koptʃelék]

cremallera (f)	цип (м)	[tsip]
botón (m)	копче (с)	[kóptʃe]
ensuciarse (vr)	изцапам се	[istsápam se]
mancha (f)	петно (с)	[petnó]

8. La ciudad. Las instituciones urbanas

tienda (f)	магазин (м)	[magazín]
centro (m) comercial	търговски център (м)	[tərgófski tséntər]
supermercado (m)	супермаркет (м)	[supermárket]
zapatería (f)	магазин (м) за обувки	[magazín za obúfki]
librería (f)	книжарница (ж)	[kniʒárnitsa]
farmacia (f)	аптека (ж)	[aptéka]
panadería (f)	хлебарница (ж)	[hlebárnitsa]
pastelería (f)	сладкарница (ж)	[slatkárnitsa]
tienda (f) de comestibles	бакалия (ж)	[bakalíja]
carnicería (f)	месарница (ж)	[mesárnitsa]
verdulería (f)	магазин (м) за плодове и зеленчуци	[magazín za plodove i zelentʃútsi]

mercado (m)	пазар (м)	[pazár]
peluquería (f)	фризьорски салон (м)	[frizjórski salón]
oficina (f) de correos	поща (ж)	[póʃta]
tintorería (f)	химическо чистене (с)	[himítʃesko tʃístene]
circo (m)	цирк (м)	[tsirk]
zoológico (m)	зоологическа градина (ж)	[zoologítʃeska gradína]
teatro (m)	театър (м)	[teátər]
cine (m)	кино (с)	[kíno]
museo (m)	музей (м)	[muzéj]
biblioteca (f)	библиотека (ж)	[bibliotéka]
mezquita (f)	джамия (ж)	[dʒamíja]
sinagoga (f)	синагога (ж)	[sinagóga]
catedral (f)	катедрала (ж)	[katedrála]
templo (m)	храм (м)	[hram]
iglesia (f)	църква (ж)	[tsérkva]
instituto (m)	институт (м)	[institút]
universidad (f)	университет (м)	[universitét]
escuela (f)	училище (с)	[utʃíliʃte]
hotel (m)	хотел (м)	[hotél]
banco (m)	банка (ж)	[bánka]
embajada (f)	посолство (с)	[posólstvo]
agencia (f) de viajes	туристическа агенция (ж)	[turistítʃeska agéntsija]
metro (m)	метро (с)	[metró]
hospital (m)	болница (ж)	[bólnitsa]
gasolinera (f)	бензиностанция (ж)	[benzino·stántsija]
aparcamiento (m)	паркинг (м)	[párking]
ENTRADA	ВХОД	[vhot]
SALIDA	ИЗХОД	[íshot]
EMPUJAR	БУТНИ	[butní]
TIRAR	ДРЪПНИ	[drəpní]
ABIERTO	ОТВОРЕНО	[otvóreno]
CERRADO	ЗАТВОРЕНО	[zatvóreno]
monumento (m)	паметник (м)	[pámetnik]
fortaleza (f)	крепост (ж)	[krépost]
palacio (m)	дворец (м)	[dvoréts]
medieval (adj)	средновековен	[srednovekóven]
antiguo (adj)	старинен	[starínen]
nacional (adj)	национален	[natsionálen]
conocido (adj)	известен	[izvésten]

9. El dinero. Las finanzas

dinero (m)	пари (мн)	[parí]
moneda (f)	монета (ж)	[monéta]
dólar (m)	долар (м)	[dólar]
euro (m)	евро (с)	[évro]
cajero (m) automático	банкомат (м)	[bankomát]
oficina (f) de cambio	обменно бюро (с)	[obménno bʲúro]
curso (m)	курс (м)	[kurs]
dinero (m) en efectivo	налични пари (мн)	[nalítʃni parí]
¿Cuánto?	Колко?	[kólko]
pagar (vi, vt)	плащам	[pláʃtam]
pago (m)	плащане (с)	[pláʃtane]
cambio (m) (devolver el ~)	ресто (с)	[résto]
precio (m)	цена (ж)	[tsená]
descuento (m)	намаление (с)	[namalénie]
barato (adj)	евтин	[éftin]
caro (adj)	скъп	[skəp]
banco (m)	банка (ж)	[bánka]
cuenta (f)	сметка (ж)	[smétka]
tarjeta (f) de crédito	кредитна карта (ж)	[kréditna kárta]
cheque (m)	чек (м)	[tʃek]
sacar un cheque	подпиша чек	[potpíʃa tʃek]
talonario (m)	чекова книжка (ж)	[tʃékova kníʃka]
deuda (f)	дълг (м)	[dəlk]
deudor (m)	длъжник (м)	[dləʒník]
prestar (vt)	давам на заем	[dávam na záem]
tomar prestado	взема на заем	[vzéma na záem]
alquilar (vt)	взимам под наем	[vzímam pot náem]
a crédito (adv)	на кредит	[na krédit]
cartera (f)	портфейл (м)	[portféjl]
caja (f) fuerte	сейф (м)	[sejf]
herencia (f)	наследство (с)	[naslétstvo]
fortuna (f)	състояние (с)	[səstojánie]
impuesto (m)	данък (м)	[dánək]
multa (f)	глоба (ж)	[glóba]
multar (vt)	глобявам	[globʲávam]
al por mayor (adj)	на едро	[na édro]
al por menor (adj)	на дребно	[na drébno]
asegurar (vt)	застраховам	[zastrahóvam]
seguro (m)	застраховка (ж)	[zastrahófka]
capital (m)	капитал (м)	[kapitál]
volumen (m) de negocio	оборот (м)	[oborót]

acción (f)	акция (ж)	[áktsija]
beneficio (m)	печалба (ж)	[petʃálba]
beneficioso (adj)	печеливш	[petʃelívʃ]

crisis (f)	криза (ж)	[kríza]
bancarrota (f)	фалит (м)	[falít]
ir a la bancarrota	фалирам	[falíram]

contable (m)	счетоводител (м)	[stʃetovodítel]
salario (m)	работна заплата (ж)	[rabótna zapláta]
premio (m)	премия (ж)	[prémija]

10. El transporte

autobús (m)	автобус (м)	[aftobús]
tranvía (m)	трамвай (м)	[tramváj]
trolebús (m)	тролей (м)	[troléj]

ir en ...	пътувам с ...	[pətúvam s]
tomar (~ el autobús)	качвам се в ...	[kátʃvam se v]
bajar (~ del tren)	сляза от ...	[slʲáza ot]

parada (f)	спирка (ж)	[spírka]
parada (f) final	последна спирка (ж)	[poslédna spírka]
horario (m)	разписание (с)	[raspisánie]
billete (m)	билет (м)	[bilét]
llegar tarde (vi)	закъснявам	[zakəsnʲávam]

taxi (m)	такси (с)	[taksí]
en taxi	с такси	[s taksí]
parada (f) de taxi	пиаца (ж) на такси	[piátsa na taksí]

tráfico (m)	улично движение (с)	[úlitʃno dviʒénie]
horas (f pl) de punta	час пик (м)	[tʃas pík]
aparcar (vi)	паркирам се	[parkíram se]

metro (m)	метро (с)	[metró]
estación (f)	станция (ж)	[stántsija]
tren (m)	влак (м)	[vlak]
estación (f)	гара (ж)	[gára]
rieles (m pl)	релси (ж мн)	[rélsi]
compartimiento (m)	купе (с)	[kupé]
litera (f)	легло (с)	[legló]

avión (m)	самолет (м)	[samolét]
billete (m) de avión	самолетен билет (м)	[samoléten bilét]
compañía (f) aérea	авиокомпания (ж)	[aviokompánija]
aeropuerto (m)	летище (с)	[letíʃte]
vuelo (m)	полет (м)	[pólet]
equipaje (m)	багаж (м)	[bagáʃ]

carrito (m) de equipaje	количка (ж)	[kolítʃka]
barco, buque (m)	кораб (м)	[kórap]
trasatlántico (m)	рейсов кораб (м)	[réjsov kórap]
yate (m)	яхта (ж)	[jáhta]
bote (m) de remo	лодка (ж)	[lótka]
capitán (m)	капитан (м)	[kapitán]
camarote (m)	каюта (ж)	[kajúta]
puerto (m)	пристанище (с)	[pristániʃte]
bicicleta (f)	колело (с)	[koleló]
scooter (m)	моторолер (м)	[motoróler]
motocicleta (f)	мотоциклет (м)	[mototsiklét]
pedal (m)	педал (м)	[pedál]
bomba (f)	помпа (ж)	[pómpa]
rueda (f)	колело (с)	[koleló]
coche (m)	автомобил (м)	[aftomobíl]
ambulancia (f)	бърза помощ (ж)	[bérza pómoʃt]
camión (m)	камион (м)	[kamión]
de ocasión (adj)	употребяван	[upotrebʲávan]
accidente (m)	катастрофа (ж)	[katastrófa]
reparación (f)	ремонт (м)	[remónt]

11. La comida. Unidad 1

carne (f)	месо (с)	[mesó]
gallina (f)	кокошка (ж)	[kokóʃka]
pato (m)	патица (ж)	[pátitsa]
carne (f) de cerdo	свинско (с)	[svínsko]
carne (f) de ternera	телешко месо (с)	[téleʃko mesó]
carne (f) de carnero	агнешко (с)	[ágneʃko]
carne (f) de vaca	говеждо (с)	[govéʒdo]
salchichón (m)	салам (м)	[salám]
huevo (m)	яйце (с)	[jajtsé]
pescado (m)	риба (ж)	[ríba]
queso (m)	кашкавал (м)	[kaʃkavál]
azúcar (m)	захар (ж)	[záhar]
sal (f)	сол (ж)	[sol]
arroz (m)	ориз (м)	[oríz]
macarrones (m pl)	макарони (мн)	[makaróni]
mantequilla (f)	краве масло (с)	[kráve masló]
aceite (m) vegetal	олио (с)	[ólio]
pan (m)	хляб (м)	[hlʲap]
chocolate (m)	шоколад (м)	[ʃokolát]
vino (m)	вино (с)	[víno]
café (m)	кафе (с)	[kafé]

leche (f)	мляко (c)	[mlʲáko]
zumo (m), jugo (m)	сок (м)	[sok]
cerveza (f)	бира (ж)	[bíra]
té (m)	чай (м)	[ʧaj]

tomate (m)	домат (м)	[domát]
pepino (m)	краставица (ж)	[krástavitsa]
zanahoria (f)	морков (м)	[mórkof]
patata (f)	картофи (мн)	[kartófi]
cebolla (f)	лук (м)	[luk]
ajo (m)	чесън (м)	[ʧésən]

col (f)	зеле (c)	[zéle]
remolacha (f)	цвекло (c)	[tsveklό]
berenjena (f)	патладжан (м)	[patladʒán]
eneldo (m)	копър (м)	[kόpər]
lechuga (f)	салата (ж)	[saláta]
maíz (m)	царевица (ж)	[tsárevitsa]

fruto (m)	плод (м)	[plot]
manzana (f)	ябълка (ж)	[jábəlka]
pera (f)	круша (ж)	[krúʃa]
limón (m)	лимон (м)	[limόn]
naranja (f)	портокал (м)	[portokál]
fresa (f)	ягода (ж)	[jágoda]

ciruela (f)	слива (ж)	[slíva]
frambuesa (f)	малина (ж)	[malína]
piña (f)	ананас (м)	[ananás]
banana (f)	банан (м)	[banán]
sandía (f)	диня (ж)	[dínʲa]
uva (f)	грозде (c)	[grόzde]
melón (m)	пъпеш (м)	[pέpeʃ]

12. La comida. Unidad 2

cocina (f)	кухня (ж)	[kúhnʲa]
receta (f)	рецепта (ж)	[retsépta]
comida (f)	храна (ж)	[hraná]

desayunar (vi)	закусвам	[zakúsvam]
almorzar (vi)	обядвам	[obʲádvam]
cenar (vi)	вечерям	[veʧérʲam]

sabor (m)	вкус (м)	[fkus]
sabroso (adj)	вкусен	[fkúsen]
frío (adj)	студен	[studén]
caliente (adj)	горещ	[goréʃt]
azucarado, dulce (adj)	сладък	[sládək]
salado (adj)	солен	[solén]

bocadillo (m)	сандвич (м)	[sándvitʃ]
guarnición (f)	гарнитура (ж)	[garnitúra]
relleno (m)	плънка (ж)	[plénka]
salsa (f)	сос (м)	[sos]
pedazo (m)	парче (с)	[partʃé]
dieta (f)	диета (ж)	[diéta]
vitamina (f)	витамин (м)	[vitamín]
caloría (f)	калория (ж)	[kalórija]
vegetariano (m)	вегетарианец (м)	[vegetariánets]
restaurante (m)	ресторант (м)	[restoránt]
cafetería (f)	кафене (с)	[kafené]
apetito (m)	апетит (м)	[apetít]
¡Que aproveche!	Добър апетит!	[dobér apetít]
camarero (m)	сервитьор (м)	[servitʲór]
camarera (f)	сервитьорка (ж)	[servitʲórka]
barman (m)	барман (м)	[bárman]
carta (f), menú (m)	меню (с)	[menʲú]
cuchara (f)	лъжица (ж)	[ləʒítsa]
cuchillo (m)	нож (м)	[noʒ]
tenedor (m)	вилица (ж)	[vílitsa]
taza (f)	чаша (ж)	[tʃáʃa]
plato (m)	чиния (ж)	[tʃiníja]
platillo (m)	чинийка (ж)	[tʃiníjka]
servilleta (f)	салфетка (ж)	[salfétka]
mondadientes (m)	клечка (ж) за зъби	[klétʃka za zébi]
pedir (vt)	поръчам	[porétʃam]
plato (m)	ястие (с)	[jástie]
porción (f)	порция (ж)	[pórtsija]
entremés (m)	мезе (с)	[mezé]
ensalada (f)	салата (ж)	[saláta]
sopa (f)	супа (ж)	[súpa]
postre (m)	десерт (м)	[desért]
confitura (f)	сладко (с)	[slátko]
helado (m)	сладолед (м)	[sladolét]
cuenta (f)	сметка (ж)	[smétka]
pagar la cuenta	плащам сметка	[pláʃtam smétka]
propina (f)	бакшиш (м)	[bakʃíʃ]

13. La casa. El apartamento. Unidad 1

casa (f)	къща (ж)	[kéʃta]
casa (f) de campo	извънградска къща (ж)	[izvəngrátska kéʃta]
villa (f)	вила (ж)	[víla]

piso (m), planta (f)	етаж (м)	[etáʃ]
entrada (f)	вход (м)	[vhot]
pared (f)	стена (ж)	[stená]
techo (m)	покрив (м)	[pókriv]
chimenea (f)	тръба (ж)	[trəbá]

desván (m)	таван (м)	[taván]
ventana (f)	прозорец (м)	[prozórets]
alféizar (m)	перваз (м) за прозорец	[pervás za prozórets]
balcón (m)	балкон (м)	[balkón]

escalera (f)	стълба (ж)	[stélba]
buzón (m)	пощенска кутия (ж)	[póʃtenska kutíja]
contenedor (m) de basura	контейнер (м) за отпадъци	[kontéjner za otpádətsi]
ascensor (m)	асансьор (м)	[asansʲór]

electricidad (f)	електричество (с)	[elektrítʃestvo]
bombilla (f)	крушка (ж)	[krúʃka]
interruptor (m)	изключвател (м)	[izklʲutʃvátel]
enchufe (m)	контакт (м)	[kontákt]
fusible (m)	предпазител (м)	[predpázitel]

puerta (f)	врата (ж)	[vratá]
tirador (m)	дръжка (ж)	[dréʃka]
llave (f)	ключ (м)	[klʲutʃ]
felpudo (m)	килимче (с)	[kilímtʃe]

cerradura (f)	брава (ж)	[bráva]
timbre (m)	звънец (м)	[zvənéts]
toque (m) a la puerta	чукане (с)	[tʃúkane]
tocar la puerta	чукам	[tʃúkam]
mirilla (f)	шпионка (ж)	[ʃpiónka]

patio (m)	двор (м)	[dvor]
jardín (m)	градина (ж)	[gradína]
piscina (f)	басейн (м)	[baséjn]
gimnasio (m)	спортна зала (ж)	[spórtna zála]
cancha (f) de tenis	тенис корт (м)	[ténis kort]
garaje (m)	гараж (м)	[garáʒ]

propiedad (f) privada	частна собственост (ж)	[tʃásna sópstvenost]
letrero (m) de aviso	предупредителен надпис (м)	[predupredítelen nátpis]
seguridad (f)	охрана (ж)	[ohrána]
guardia (m) de seguridad	охранител (м)	[ohranítel]

renovación (f)	ремонт (м)	[remónt]
renovar (vt)	правя ремонт	[právʲa remónt]
poner en orden	подреждам	[podréʒdam]
pintar (las paredes)	боядисвам	[bojadísvam]
empapelado (m)	тапети (м мн)	[tapéti]

cubrir con barniz	лакирам	[lakíram]
tubo (m)	тръба (ж)	[trəbá]
instrumentos (m pl)	инструменти (м мн)	[instruménti]
sótano (m)	мазе (с)	[mazé]
alcantarillado (m)	канализация (ж)	[kanalizátsija]

14. La casa. El apartamento. Unidad 2

apartamento (m)	апартамент (м)	[apartamént]
habitación (f)	стая (ж)	[stája]
dormitorio (m)	спалня (ж)	[spálnʲa]
comedor (m)	столова (ж)	[stolová]
salón (m)	гостна (ж)	[góstna]
despacho (m)	кабинет (м)	[kabinét]
antecámara (f)	антре (с)	[antré]
cuarto (m) de baño	баня (ж)	[bánʲa]
servicio (m)	тоалетна (ж)	[toalétna]
suelo (m)	под (м)	[pot]
techo (m)	таван (м)	[taván]
limpiar el polvo	изтривам прах	[istrívam prah]
aspirador (m), aspiradora (f)	прахосмукачка (ж)	[praho·smukátʃka]
limpiar con la aspiradora	почиствам	[potʃístvam
	с прахосмукачка	s praho·smukátʃka]
fregona (f)	четка (ж) за под	[tʃétka za pot]
trapo (m)	парцал (м)	[partsál]
escoba (f)	метла (ж)	[metlá]
cogedor (m)	лопатка (ж) за боклук	[lopátka za boklúk]
muebles (m pl)	мебели (мн)	[mébeli]
mesa (f)	маса (ж)	[mása]
silla (f)	стол (м)	[stol]
sillón (m)	фотьойл (м)	[fotʲójl]
librería (f)	книжен шкаф (м)	[kníʒen ʃkaf]
estante (m)	рафт (м)	[raft]
armario (m)	гардероб (м)	[garderóp]
espejo (m)	огледало (с)	[ogledálo]
tapiz (m)	килим (м)	[kilím]
chimenea (f)	камина (ж)	[kamína]
cortinas (f pl)	пердета (с мн)	[perdéta]
lámpara (f) de mesa	лампа (ж) за маса	[lámpa za mása]
lámpara (f) de araña	полилей (м)	[poliléj]
cocina (f)	кухня (ж)	[kúhnʲa]
cocina (f) de gas	газова печка (ж)	[gázova pétʃka]
cocina (f) eléctrica	електрическа печка (ж)	[elektrítʃeska pétʃka]

horno (m) microondas	микровълнова печка (ж)	[mikrovélnova pétʃka]
frigorífico (m)	хладилник (м)	[hladílnik]
congelador (m)	фризер (м)	[frízer]
lavavajillas (m)	съдомиялна машина (ж)	[sədomijálna maʃína]
grifo (m)	смесител (м)	[smesítel]
picadora (f) de carne	месомелачка (ж)	[meso·melátʃka]
exprimidor (m)	сокоизстисквачка (ж)	[soko·isstiskvátʃka]
tostador (m)	тостер (м)	[tóster]
batidora (f)	миксер (м)	[míkser]
cafetera (f) (aparato de cocina)	кафеварка (ж)	[kafevárka]
hervidor (m) de agua	чайник (м)	[tʃájnik]
tetera (f)	чайник (м)	[tʃájnik]
televisor (m)	телевизор (м)	[televízor]
vídeo (m)	видео (с)	[vídeo]
plancha (f)	ютия (ж)	[jutíja]
teléfono (m)	телефон (м)	[telefón]

15. Los trabajos. El estatus social

director (m)	директор (м)	[diréktor]
superior (m)	началник (м)	[natʃálnik]
presidente (m)	президент (м)	[prezidént]
asistente (m)	помощник (м)	[pomóʃtnik]
secretario, -a (m, f)	секретар (м)	[sekretár]
propietario (m)	собственик (м)	[sóbstvenik]
socio (m)	партньор (м)	[partnʲór]
accionista (m)	акционер (м)	[aktsionér]
hombre (m) de negocios	бизнесмен (м)	[biznesmén]
millonario (m)	милионер (м)	[milionér]
multimillonario (m)	милиардер (м)	[miliardér]
actor (m)	актьор (м)	[aktjór]
arquitecto (m)	архитект (м)	[arhitékt]
banquero (m)	банкер (м)	[bankér]
broker (m)	брокер (м)	[bróker]
veterinario (m)	ветеринар (м)	[veterinár]
médico (m)	лекар (м)	[lékar]
camarera (f)	камериерка (ж)	[kameriérka]
diseñador (m)	дизайнер (м)	[dizájner]
corresponsal (m)	кореспондент (м)	[korespondént]
repartidor (m)	куриер (м)	[kuriér]
electricista (m)	монтьор (м)	[montʲór]
músico (m)	музикант (м)	[muzikánt]

niñera (f)	детегледачка (ж)	[detegledátʃka]
peluquero (m)	фризьор (м)	[frizʲór]
pastor (m)	пастир (м)	[pastír]

cantante (m)	певец (м)	[pevéts]
traductor (m)	преводач (м)	[prevodátʃ]
escritor (m)	писател (м)	[pisátel]
carpintero (m)	дърводелец (м)	[dərvodélets]
cocinero (m)	готвач (м)	[gotvátʃ]

bombero (m)	пожарникар (м)	[poʒarnikár]
policía (m)	полицай (м)	[politsáj]
cartero (m)	пощальон (м)	[poʃtalʲón]
programador (m)	програмист (м)	[programíst]
vendedor (m)	продавач (м)	[prodavátʃ]

obrero (m)	работник (м)	[rabótnik]
jardinero (m)	градинар (м)	[gradinár]
fontanero (m)	водопроводчик (м)	[vodoprovóttʃik]
dentista (m)	стоматолог (м)	[stomatolók]
azafata (f)	стюардеса (ж)	[stʲuardésa]

bailarín (m)	танцьор (м)	[tantsʲór]
guardaespaldas (m)	телохранител (с)	[telohranítel]
científico (m)	учен (м)	[útʃen]
profesor (m) (~ de baile, etc.)	учител (м)	[utʃítel]

granjero (m)	фермер (м)	[férmer]
cirujano (m)	хирург (м)	[hirúrk]
minero (m)	миньор (м)	[minʲór]
jefe (m) de cocina	главен готвач (м)	[gláven gotvátʃ]
chofer (m)	шофьор (м)	[ʃofʲór]

16. Los deportes

tipo (m) de deporte	вид (м) спорт	[vit sport]
fútbol (m)	футбол (м)	[fúdbol]
hockey (m)	хокей (м)	[hókej]
baloncesto (m)	баскетбол (м)	[básketbol]
béisbol (m)	бейзбол (м)	[bejzból]

voleibol (m)	волейбол (м)	[vólejbol]
boxeo (m)	бокс (м)	[boks]
lucha (f)	борба (ж)	[borbá]
tenis (m)	тенис (м)	[ténis]
natación (f)	плуване (с)	[plúvane]

| ajedrez (m) | шахмат (м) | [ʃáhmát] |
| carrera (f) | бягане (с) | [bʲágane] |

Español	Búlgaro	Pronunciación
atletismo (m)	лека атлетика (ж)	[léka atlétika]
patinaje (m) artístico	фигурно пързаляне (c)	[fígurno pərzálʲane]
ciclismo (m)	колоездене (c)	[koloézdene]
billar (m)	билярд (м)	[bilʲárt]
culturismo (m)	културизъм (м)	[kulturízəm]
golf (m)	голф (м)	[golf]
buceo (m)	дайвинг (м)	[dájving]
vela (f)	спорт (м) с платноходки	[sport s platnohótki]
tiempo (m)	полувреме (c)	[poluvréme]
descanso (m)	почивка (ж)	[potʃífka]
empate (m)	наравно	[narávno]
empatar (vi)	завърша наравно	[zavérʃa narávno]
cinta (f) de correr	писта (ж) за бягане	[písta za bʲágane]
jugador (m)	играч (м)	[igrátʃ]
reserva (f)	резервен играч (м)	[rezérven igrátʃ]
banquillo (m) de reserva	резервна скамейка (ж)	[rezérvna skaméjka]
match (m)	мач (м)	[matʃ]
puerta (f)	врата (ж)	[vratá]
portero (m)	вратар (м)	[vratár]
gol (m)	гол (м)	[gol]
Juegos (m pl) Olímpicos	олимпийски игри (ж мн)	[olimpíjski igrí]
establecer un record	поставям рекорд	[postávʲam rekórt]
final (m)	финал (м)	[finál]
campeón (m)	шампион (м)	[ʃampíon]
campeonato (m)	шампионат (м)	[ʃampionát]
vencedor (m)	победител (м)	[pobedítel]
victoria (f)	победа (ж)	[pobéda]
ganar (vi)	спечеля	[spetʃélʲa]
perder (vi)	загубя	[zagúbʲa]
medalla (f)	медал (м)	[medál]
primer puesto (m)	първо място (c)	[pérvo mʲásto]
segundo puesto (m)	второ място (c)	[ftóro mʲásto]
tercer puesto (m)	трето място (c)	[tréto mʲásto]
estadio (m)	стадион (м)	[stadión]
hincha (m)	запалянко (м)	[zapalʲánko]
entrenador (m)	треньор (м)	[trenʲór]
entrenamiento (m)	тренировка (ж)	[trenirófka]

17. Los idiomas extranjeros. La ortografía

lengua (f)	език (м)	[ezík]
estudiar (vt)	изучавам	[izutʃávam]

pronunciación (f)	произношение (c)	[proiznoʃénie]
acento (m)	акцент (м)	[aktsént]
sustantivo (m)	съществително име (c)	[səʃtestvítelno íme]
adjetivo (m)	прилагателно име (c)	[prilagátelno íme]
verbo (m)	глагол (м)	[glagól]
adverbio (m)	наречие (c)	[narétʃie]
pronombre (m)	местоимение (c)	[mestoiménie]
interjección (f)	междуметие (c)	[meʒdumétie]
preposición (f)	предлог (м)	[predlók]
raíz (f), radical (m)	корен (м) на думата	[kóren na dúmata]
desinencia (f)	окончание (c)	[okonʧánie]
prefijo (m)	представка (ж)	[pretstáfka]
sílaba (f)	сричка (ж)	[srítʃka]
sufijo (m)	наставка (ж)	[nastáfka]
acento (m)	ударение (c)	[udarénie]
punto (m)	точка (ж)	[tótʃka]
coma (m)	запетая (ж)	[zapetája]
dos puntos (m pl)	двоеточие (c)	[dvoetótʃie]
puntos (m pl) suspensivos	многоточие (c)	[mnogotótʃie]
pregunta (f)	въпрос (м)	[vəprós]
signo (m) de interrogación	въпросителен знак (м)	[vəprosítelen znák]
signo (m) de admiración	удивителна (ж)	[udivítelna]
entre comillas	в кавички	[v kavítʃki]
entre paréntesis	в скоби	[v skóbi]
letra (f)	буква (ж)	[búkva]
letra (f) mayúscula	главна буква (ж)	[glávna búkva]
oración (f)	изречение (c)	[izretʃénie]
combinación (f) de palabras	словосъчетание (c)	[slovo·sətʃetánie]
expresión (f)	израз (м)	[ízraz]
sujeto (m)	подлог (м)	[pódlok]
predicado (m)	сказуемо (c)	[skazúemo]
línea (f)	ред (м)	[ret]
párrafo (m)	абзац (м)	[abzáts]
sinónimo (m)	синоним (м)	[sinoním]
antónimo (m)	антоним (м)	[antoním]
excepción (f)	изключение (c)	[izklʲutʃénie]
subrayar (vt)	подчертая	[podtʃertája]
reglas (f pl)	правила (c мн)	[pravilá]
gramática (f)	граматика (ж)	[gramátika]
vocabulario (m)	лексика (ж)	[léksika]
fonética (f)	фонетика (ж)	[fonétika]

alfabeto (m)	алфавит (м)	[alfavít]
manual (m)	учебник (м)	[uʧébnik]
diccionario (m)	речник (м)	[réʧnik]
guía (f) de conversación	разговорник (м)	[razgovórnik]
palabra (f)	дума (ж)	[dúma]
significado (m)	смисъл (м)	[smísəl]
memoria (f)	памет (ж)	[pámet]

18. La Tierra. La geografía

Tierra (f)	Земя (ж)	[zemⁱá]
globo (m) terrestre	земно кълбо (с)	[zémno kəlbó]
planeta (m)	планета (ж)	[planéta]
geografía (f)	география (ж)	[geográfija]
naturaleza (f)	природа (ж)	[priróda]
mapa (m)	карта (ж)	[kárta]
atlas (m)	атлас (м)	[atlás]
en el norte	на север	[na séver]
en el sur	на юг	[na juk]
en el oeste	на запад	[na zápat]
en el este	на изток	[na ístok]
mar (m)	море (с)	[moré]
océano (m)	океан (м)	[okeán]
golfo (m)	залив (м)	[zálif]
estrecho (m)	пролив (м)	[próliv]
continente (m)	материк (м)	[materík]
isla (f)	остров (м)	[óstrov]
península (f)	полуостров (м)	[poluóstrov]
archipiélago (m)	архипелаг (м)	[arhipelák]
ensenada, bahía (f)	залив (м)	[zálif]
arrecife (m) de coral	коралов риф (м)	[korálov rif]
orilla (f)	бряг (м)	[brⁱak]
costa (f)	крайбрежие (с)	[krajbréʒie]
flujo (m)	прилив (м)	[príliv]
reflujo (m)	отлив (м)	[ótliv]
latitud (f)	ширина (ж)	[ʃiriná]
longitud (f)	дължина (ж)	[dəʒiná]
paralelo (m)	паралел (ж)	[paralél]
ecuador (m)	екватор (м)	[ekvátor]
cielo (m)	небе (с)	[nebé]
horizonte (m)	хоризонт (м)	[horizónt]

atmósfera (f)	атмосфера (ж)	[atmosféra]
montaña (f)	планина (ж)	[planiná]
cima (f)	връх (м)	[vrəh]
roca (f)	скала (ж)	[skalá]
colina (f)	хълм (м)	[həlm]
volcán (m)	вулкан (м)	[vulkán]
glaciar (m)	ледник (м)	[lédnik]
cascada (f)	водопад (м)	[vodopát]
llanura (f)	равнина (ж)	[ravniná]
río (m)	река (ж)	[reká]
manantial (m)	извор (м)	[ízvor]
ribera (f)	бряг (м)	[bri'ak]
río abajo (adv)	надолу по течението	[nadólu po tetʃénieto]
río arriba (adv)	нагоре по течението	[nagóre po tetʃénieto]
lago (m)	езеро (с)	[ézero]
presa (f)	яз (м)	[jaz]
canal (m)	канал (м)	[kanál]
pantano (m)	блато (с)	[bláto]
hielo (m)	лед (м)	[let]

19. Los países. Unidad 1

Europa (f)	Европа	[evrópa]
Unión (f) Europea	Европейски Съюз (м)	[evropéjski səjúz]
europeo (m)	европеец (м)	[evropéets]
europeo (adj)	европейски	[evropéjski]
Austria (f)	Австрия	[áfstrija]
Gran Bretaña (f)	Великобритания	[velikobritánija]
Inglaterra (f)	Англия	[ánglija]
Bélgica (f)	Белгия	[bélgija]
Alemania (f)	Германия	[germánija]
Países Bajos (m pl)	Нидерландия	[niderlándija]
Holanda (f)	Холандия (ж)	[holándija]
Grecia (f)	Гърция	[gértsija]
Dinamarca (f)	Дания	[dánija]
Irlanda (f)	Ирландия	[irlándija]
Islandia (f)	Исландия	[islándija]
España (f)	Испания	[ispánija]
Italia (f)	Италия	[itálija]
Chipre (m)	Кипър	[kípər]
Malta (f)	Малта	[málta]
Noruega (f)	Норвегия	[norvégija]
Portugal (m)	Португалия	[portugálija]

Finlandia (f)	Финландия	[finlándija]
Francia (f)	Франция	[frántsija]
Suecia (f)	Швеция	[ʃvétsija]

Suiza (f)	Швейцария	[ʃvejtsárija]
Escocia (f)	Шотландия	[ʃotlándija]
Vaticano (m)	Ватикана	[vatikána]
Liechtenstein (m)	Лихтенщайн	[líhtenʃtajn]
Luxemburgo (m)	Люксембург	[lʲúksemburg]

Mónaco (m)	Монако	[monáko]
Albania (f)	Албания	[albánija]
Bulgaria (f)	България	[bəlgárija]
Hungría (f)	Унгария	[ungárija]
Letonia (f)	Латвия	[látvija]

Lituania (f)	Литва	[lítva]
Polonia (f)	Полша	[pólʃa]
Rumania (f)	Румъния	[rumónija]
Serbia (f)	Сърбия	[sérbija]
Eslovaquia (f)	Словакия	[slovákija]

Croacia (f)	Хърватия	[hərvátija]
Chequia (f)	Чехия	[tʃéhija]
Estonia (f)	Естония	[estónija]
Bosnia y Herzegovina	Босна и Херцеговина	[bósna i hertsegóvina]
Macedonia	Македония	[makedónija]

Eslovenia	Словения	[slovénija]
Montenegro (m)	Черна гора	[tʃérna gorá]
Bielorrusia (f)	Беларус	[belarús]
Moldavia (f)	Молдова	[moldóva]
Rusia (f)	Русия	[rusíja]
Ucrania (f)	Украйна	[ukrájna]

20. Los países. Unidad 2

Asia (f)	Азия	[ázija]
Vietnam (m)	Виетнам	[vietnám]
India (f)	Индия	[índija]
Israel (m)	Израел	[izráel]
China (f)	Китай	[kitáj]

Líbano (m)	Ливан	[liván]
Mongolia (f)	Монголия	[mongólija]
Malasia (f)	Малайзия	[malájzija]
Pakistán (m)	Пакистан	[pakistán]
Arabia (f) Saudita	Саудитска Арабия	[saudítska arábija]
Tailandia (f)	Тайланд	[tajlánt]
Taiwán (m)	Тайван	[tajván]

Turquía (f)	Турция	[túrtsija]
Japón (m)	Япония	[japónija]
Afganistán (m)	Афганистан	[afganistán]
Bangladesh (m)	Бангладеш	[bangladéʃ]
Indonesia (f)	Индонезия	[indonézija]
Jordania (f)	Йордания	[jordánija]
Irak (m)	Ирак	[irák]
Irán (m)	Иран	[irán]
Camboya (f)	Камбоджа	[kambódʒa]
Kuwait (m)	Кувейт	[kuvéjt]
Laos (m)	Лаос	[laós]
Myanmar (m)	Мянма	[mʲánma]
Nepal (m)	Непал	[nepál]
Emiratos (m pl) Árabes Unidos	Обединени арабски емирства	[obedinéni arápski emírstva]
Siria (f)	Сирия	[sírija]
Palestina (f)	Палестинска автономия	[palestínska aftonómija]
Corea (f) del Sur	Южна Корея	[júʒna koréja]
Corea (f) del Norte	Северна Корея	[séverna koréja]
Estados Unidos de América	Съединени американски щати	[səedinéni amerikánski ʃtáti]
Canadá (f)	Канада	[kanáda]
Méjico (m)	Мексико	[méksiko]
Argentina (f)	Аржентина	[arʒentína]
Brasil (m)	Бразилия	[brazílija]
Colombia (f)	Колумбия	[kolúmbija]
Cuba (f)	Куба	[kúba]
Chile (m)	Чили	[tʃíli]
Venezuela (f)	Венецуела	[venetsuéla]
Ecuador (m)	Еквадор	[ekvadór]
Islas (f pl) Bahamas	Бахамски острови	[bahámski óstrovi]
Panamá (f)	Панама	[panáma]
Egipto (m)	Египет	[egípet]
Marruecos (m)	Мароко	[maróko]
Túnez (m)	Тунис	[túnis]
Kenia (f)	Кения	[kénija]
Libia (f)	Либия	[líbija]
República (f) Sudafricana	Южноафриканска република	[juʒno·afrikánska repúblika]
Australia (f)	Австралия	[afstrálija]
Nueva Zelanda (f)	Нова Зеландия	[nóva zelándija]

21. El tiempo. Los desastres naturales

tiempo (m)	време (c)	[vréme]
previsión (f) del tiempo	прогноза (ж) за времето	[prognóza za vrémeto]
temperatura (f)	температура (ж)	[temperatúra]
termómetro (m)	термометър (м)	[termométər]
barómetro (m)	барометър (м)	[barométər]
sol (m)	слънце (c)	[sléntse]
brillar (vi)	грея	[gréja]
soleado (un día ~)	слънчев	[sléntʃev]
elevarse (el sol)	изгрея	[izgréja]
ponerse (vr)	заляза	[zalʲáza]
lluvia (f)	дъжд (м)	[dəʒt]
está lloviendo	вали дъжд	[valí dəʒt]
aguacero (m)	пороен дъжд (м)	[poróen dəʒt]
nubarrón (m)	голям облак (м)	[golʲám óblak]
charco (m)	локва (ж)	[lókva]
mojarse (vr)	намокря се	[namókrʲa se]
tormenta (f)	гръмотевична буря (ж)	[grəmotévitʃna búrʲa]
relámpago (m)	мълния (ж)	[mélnija]
relampaguear (vi)	блясвам	[blʲásvam]
trueno (m)	гръм (м)	[grəm]
está tronando	гърми	[gərmí]
granizo (m)	градушка (ж)	[gradúʃka]
está granizando	пада градушка	[páda gradúʃka]
bochorno (m)	пек (м)	[pek]
hace mucho calor	горещо	[goréʃto]
hace calor (templado)	топло	[tóplo]
hace frío	студено	[studéno]
niebla (f)	мъгла (ж)	[məglá]
nebuloso (adj)	мъглив	[məglíf]
nube (f)	облак (м)	[óblak]
nuboso (adj)	облачен	[óblatʃen]
humedad (f)	влажност (ж)	[vláʒnost]
nieve (f)	сняг (м)	[snʲak]
está nevando	вали сняг	[valí snʲak]
helada (f)	мраз (м)	[mraz]
bajo cero (adv)	под нулата	[pot núlata]
escarcha (f)	скреж (м)	[skreʒ]
mal tiempo (m)	лошо време (c)	[lóʃo vréme]
catástrofe (f)	катастрофа (ж)	[katastrófa]
inundación (f)	наводнение (c)	[navodnénie]
avalancha (f)	лавина (ж)	[lavína]
terremoto (m)	земетресение (c)	[zemetresénie]

sacudida (f)	трус (м)	[trus]
epicentro (m)	епицентър (м)	[epitséntər]
erupción (f)	изригване (c)	[izrígvane]
lava (f)	лава (ж)	[láva]

torbellino (m), tornado (m)	торнадо (c)	[tornádo]
huracán (m)	ураган (м)	[uragán]
tsunami (m)	цунами (c)	[tsunámi]
ciclón (m)	циклон (м)	[tsiklón]

22. Los animales. Unidad 1

| animal (m) | животно (c) | [ʒivótno] |
| carnívoro (m) | хищник (м) | [híʃtnik] |

tigre (m)	тигър (м)	[tígər]
león (m)	лъв (м)	[ləv]
lobo (m)	вълк (м)	[vəlk]
zorro (m)	лисица (ж)	[lisítsa]
jaguar (m)	ягуар (м)	[jaguár]

lince (m)	рис (м)	[ris]
coyote (m)	койот (м)	[kojót]
chacal (m)	чакал (м)	[ʧakál]
hiena (f)	хиена (ж)	[hiéna]

ardilla (f)	катерица (ж)	[káteritsa]
erizo (m)	таралеж (м)	[taraléʒ]
conejo (m)	питомен заек (м)	[pítomen záek]
mapache (m)	енот (м)	[enót]

hámster (m)	хамстер (м)	[hámster]
topo (m)	къртица (ж)	[kərtítsa]
ratón (m)	мишка (ж)	[míʃka]
rata (f)	плъх (м)	[pləh]
murciélago (m)	прилеп (м)	[prílep]

castor (m)	бобър (м)	[bóbər]
caballo (m)	кон (м)	[kon]
ciervo (m)	елен (м)	[elén]
camello (m)	камила (ж)	[kamíla]
cebra (f)	зебра (ж)	[zébra]

ballena (f)	кит (м)	[kit]
foca (f)	тюлен (м)	[tʲulén]
morsa (f)	морж (м)	[morʒ]
delfín (m)	делфин (м)	[delfín]

| oso (m) | мечка (ж) | [méʧka] |
| mono (m) | маймуна (ж) | [majmúna] |

elefante (m)	слон (м)	[slon]
rinoceronte (m)	носорог (м)	[nosorók]
jirafa (f)	жираф (м)	[ʒiráf]

hipopótamo (m)	хипопотам (м)	[hipopotám]
canguro (m)	кенгуру (с)	[kénguru]
gata (f)	котка (ж)	[kótka]

vaca (f)	крава (ж)	[kráva]
toro (m)	бик (м)	[bik]
oveja (f)	овца (ж)	[ovtsá]
cabra (f)	коза (ж)	[kozá]

asno (m)	магаре (с)	[magáre]
cerdo (m)	свиня (ж)	[svinʲá]
gallina (f)	кокошка (ж)	[kokóʃka]
gallo (m)	петел (м)	[petél]

pato (m)	патица (ж)	[pátitsa]
ganso (m)	гъсок (м)	[gəsók]
pava (f)	пуйка (ж)	[pújka]
perro (m) pastor	овчарско куче (с)	[ofʧársko kúʧe]

23. Los animales. Unidad 2

pájaro (m)	птица (ж)	[ptítsa]
paloma (f)	гълъб (м)	[gələp]
gorrión (m)	врабче (с)	[vrabʧé]
carbonero (m)	синигер (м)	[sinigér]
urraca (f)	сврака (ж)	[svráka]

águila (f)	орел (м)	[orél]
azor (m)	ястреб (м)	[jástrep]
halcón (m)	сокол (м)	[sokól]

cisne (m)	лебед (м)	[lébet]
grulla (f)	жерав (м)	[ʒérav]
cigüeña (f)	щъркел (м)	[ʃtərkel]
loro (m), papagayo (m)	папагал (м)	[papagál]
pavo (m) real	паун (м)	[paún]
avestruz (m)	щраус (м)	[ʃtráus]

garza (f)	чапла (ж)	[ʧápla]
ruiseñor (m)	славей (м)	[slávej]
golondrina (f)	лястовица (ж)	[lʲástovitsa]
pájaro carpintero (m)	кълвач (м)	[kəlváʧ]
cuco (m)	кукувица (ж)	[kúkuvitsa]
lechuza (f)	сова (ж)	[sóva]
pingüino (m)	пингвин (м)	[pingvín]
atún (m)	риба тон (м)	[ríba ton]

| trucha (f) | пъстърва (ж) | [pəstérva] |
| anguila (f) | змиорка (ж) | [zmiórka] |

tiburón (m)	акула (ж)	[akúla]
centolla (f)	морски рак (м)	[mórski rak]
medusa (f)	медуза (ж)	[medúza]
pulpo (m)	октопод (м)	[oktopót]

estrella (f) de mar	морска звезда (ж)	[mórska zvezdá]
erizo (m) de mar	морски таралеж (м)	[mórski taraléʒ]
caballito (m) de mar	морско конче (c)	[mórsko kóntʃe]
camarón (m)	скарида (ж)	[skarída]

serpiente (f)	змия (ж)	[zmijá]
víbora (f)	усойница (ж)	[usójnitsa]
lagarto (m)	гущер (м)	[gúʃter]
iguana (f)	игуана (ж)	[iguána]
camaleón (m)	хамелеон (м)	[hameleón]
escorpión (m)	скорпион (м)	[skorpión]

tortuga (f)	костенурка (ж)	[kostenúrka]
rana (f)	водна жаба (ж)	[vódna ʒába]
cocodrilo (m)	крокодил (м)	[krokodíl]
insecto (m)	насекомо (c)	[nasekómo]
mariposa (f)	пеперуда (ж)	[peperúda]
hormiga (f)	мравка (ж)	[mráfka]
mosca (f)	муха (ж)	[muhá]

mosquito (m) (picadura de ~)	комар (м)	[komár]
escarabajo (m)	бръмбар (м)	[brémbar]
abeja (f)	пчела (ж)	[ptʃelá]
araña (f)	паяк (м)	[pájak]
mariquita (f)	калинка (ж)	[kalínka]

24. Los árboles. Las plantas

árbol (m)	дърво (c)	[dərvó]
abedul (m)	бреза (ж)	[brezá]
roble (m)	дъб (м)	[dəp]
tilo (m)	липа (ж)	[lipá]
pobo (m)	трепетлика (ж)	[trepetlíka]

arce (m)	клен (м)	[klen]
pícea (f)	ела (ж)	[elá]
pino (m)	бор (м)	[bor]
cedro (m)	кедър (м)	[kédər]

| álamo (m) | топола (ж) | [topóla] |
| serbal (m) | офика (ж) | [ofíka] |

haya (f)	бук (м)	[buk]
olmo (m)	бряст (м)	[br'ast]
fresno (m)	ясен (м)	[jásen]
castaño (m)	кестен (м)	[késten]
palmera (f)	палма (ж)	[pálma]
mata (f)	храст (м)	[hrast]
seta (f)	гъба (ж)	[géba]
seta (f) venenosa	отровна гъба (ж)	[otróvna géba]
seta calabaza (f)	манатарка (ж)	[manatárka]
rúsula (f)	гълъбка (ж)	[géləpka]
matamoscas (m)	мухоморка (ж)	[muhomórka]
oronja (f) verde	зелена мухоморка (ж)	[zeléna muhómorka]
flor (f)	цвете (с)	[tsvéte]
ramo (m) de flores	букет (м)	[bukét]
rosa (f)	роза (ж)	[róza]
tulipán (m)	лале (с)	[lalé]
clavel (m)	карамфил (м)	[karamfíl]
manzanilla (f)	лайка (ж)	[lájka]
cacto (m)	кактус (м)	[káktus]
muguete (m)	момина сълза (ж)	[mómina səlzá]
campanilla (f) de las nieves	кокиче (с)	[kokítʃe]
nenúfar (m)	водна лилия (ж)	[vódna lílija]
invernadero (m) tropical	оранжерия (ж)	[oranʒérija]
césped (m)	тревна площ (ж)	[trévna plɔʃt]
macizo (m) de flores	цветна леха (ж)	[tsvétna lehá]
planta (f)	растение (с)	[rasténie]
hierba (f)	трева (ж)	[trevá]
hoja (f)	лист (м)	[list]
pétalo (m)	венчелистче (с)	[ventʃelísttʃe]
tallo (m)	стъбло (с)	[stəbló]
retoño (m)	кълн (м)	[kəln]
cereales (m pl) (plantas)	житни култури (ж мн)	[ʒítni kultúri]
trigo (m)	пшеница (ж)	[pʃenítsa]
centeno (m)	ръж (ж)	[rəʒ]
avena (f)	овес (м)	[ovés]
mijo (m)	просо (с)	[prosó]
cebada (f)	ечемик (м)	[etʃemík]
maíz (m)	царевица (ж)	[tsárevitsa]
arroz (m)	ориз (м)	[oríz]

25. Varias palabras útiles

alto (m) (parada temporal)	почивка (ж)	[potʃífka]
ayuda (f)	помощ (ж)	[pómoʃt]

balance (m)	баланс (м)	[baláns]
base (f) (~ científica)	база (ж)	[báza]
categoría (f)	категория (ж)	[kategórija]
coincidencia (f)	съвпадение (c)	[səfpadénie]
comienzo (m) (principio)	начало (c)	[natʃálo]
comparación (f)	сравнение (c)	[sravnénie]
desarrollo (m)	развитие (c)	[razvítie]
diferencia (f)	различие (c)	[razlítʃie]
efecto (m)	ефект (м)	[efékt]
ejemplo (m)	пример (м)	[prímer]
variedad (f) (selección)	избор (м)	[ízbor]
elemento (m)	елемент (м)	[elemént]
error (m)	грешка (ж)	[gréʃka]
esfuerzo (m)	усилие (c)	[usílie]
estándar (adj)	стандартен	[standárten]
estilo (m)	стил (м)	[stil]
forma (f) (contorno)	форма (ж)	[fórma]
grado (m) (en mayor ~)	степен (ж)	[stépen]
hecho (m)	факт (м)	[fakt]
ideal (m)	идеал (м)	[ideál]
modo (m) (de otro ~)	начин (м)	[nátʃin]
momento (m)	момент (м)	[momént]
obstáculo (m)	пречка (ж)	[prétʃka]
parte (f)	част (ж)	[tʃast]
pausa (f)	пауза (ж)	[páuza]
posición (f)	позиция (ж)	[pozítsija]
problema (m)	проблем (м)	[problém]
proceso (m)	процес (м)	[protsés]
progreso (m)	прогрес (м)	[progrés]
propiedad (f) (cualidad)	свойство (c)	[svójstvo]
reacción (f)	реакция (ж)	[reáktsija]
riesgo (m)	риск (м)	[risk]
secreto (m)	тайна (ж)	[tájna]
serie (f)	серия (ж)	[sérija]
sistema (m)	система (ж)	[sistéma]
situación (f)	ситуация (ж)	[situátsija]
solución (f)	решение (c)	[reʃénie]
tabla (f) (~ de multiplicar)	таблица (ж)	[táblitsa]
tempo (m) (ritmo)	темпо (c)	[témpo]
término (m)	термин (м)	[términ]
tipo (m) (p.ej. ~ de deportes)	вид (м)	[vit]
turno (m) (esperar su ~)	ред (м)	[ret]
urgente (adj)	срочен	[srótʃen]
utilidad (f)	полза (ж)	[pólza]

variante (f)	вариант (м)	[variánt]
verdad (f)	истина (ж)	[ístina]
zona (f)	зона (ж)	[zóna]

26. Los adjetivos. Unidad 1

abierto (adj)	отворен	[otvóren]
adicional (adj)	допълнителен	[dopəlnítelen]
agrio (sabor ~)	кисел	[kísel]
agudo (adj)	остър	[óstər]
amargo (adj)	горчив	[gortʃív]

amplio (~a habitación)	просторен	[prostóren]
antiguo (adj)	древен	[dréven]
arriesgado (adj)	рискован	[riskóvan]
artificial (adj)	изкуствен	[iskústven]
azucarado, dulce (adj)	сладък	[sládək]

bajo (voz ~a)	тих	[tih]
bello (hermoso)	хубав	[húbav]
blando (adj)	мек	[mek]
bronceado (adj)	почернял	[potʃernʲál]
central (adj)	централен	[tsentrálen]

ciego (adj)	сляп	[slʲap]
clandestino (adj)	нелегален	[nelegálen]
compatible (adj)	съвместим	[səvmestím]
congelado (pescado ~)	замразен	[zamrazén]
contento (adj)	доволен	[dovólen]
continuo (adj)	продължителен	[prodəlʒítelen]

cortés (adj)	вежлив	[veʒlív]
corto (adj)	къс	[kəs]
crudo (huevos ~s)	суров	[suróf]
de segunda mano	употребяван	[upotrebʲávan]
denso (~a niebla)	гъст	[gəst]

derecho (adj)	десен	[désen]
difícil (decisión)	труден	[trúden]
dulce (agua ~)	сладък	[sládək]
duro (material, etc.)	твърд	[tvərt]
enfermo (adj)	болен	[bólen]

enorme (adj)	огромен	[ogrómen]
especial (adj)	специален	[spetsiálen]
estrecho (calle, etc.)	тесен	[tésen]
exacto (adj)	точен	[tótʃen]
excelente (adj)	отличен	[otlítʃen]
excesivo (adj)	прекален	[prekalén]
exterior (adj)	външен	[vənʃen]

fácil (adj)	лесен	[lésen]
feliz (adj)	щастлив	[ʃtastlív]
fértil (la tierra ~)	плодороден	[plodoróden]
frágil (florero, etc.)	крехък	[kréhək]

fuerte (~ voz)	силен	[sílen]
fuerte (adj)	силен	[sílen]
grande (en dimensiones)	голям	[goljám]
gratis (adj)	безплатен	[bespláten]
importante (adj)	важен	[váʒen]

infantil (adj)	детски	[détski]
inmóvil (adj)	неподвижен	[nepodvíʒen]
inteligente (adj)	умен	[úmen]
interior (adj)	вътрешен	[vétreʃen]
izquierdo (adj)	ляв	[ljav]

27. Los adjetivos. Unidad 2

largo (camino)	дълъг	[délək]
legal (adj)	законен	[zakónen]
ligero (un metal ~)	лек	[lek]
limpio (camisa ~)	чист	[ʧist]
líquido (adj)	течен	[téʧen]

liso (piel, pelo, etc.)	гладък	[gládək]
lleno (adj)	пълен	[pélen]
maduro (fruto, etc.)	зрял	[zrjal]
malo (adj)	лош	[loʃ]
mate (sin brillo)	матов	[mátov]

misterioso (adj)	загадъчен	[zagádəʧen]
muerto (adj)	мъртъв	[mértəv]
natal (país ~)	роден	[róden]
negativo (adj)	отрицателен	[otritsátelen]
no difícil (adj)	лесен	[lésen]

normal (adj)	нормален	[normálen]
nuevo (adj)	нов	[nov]
obligatorio (adj)	обезателен	[obezátelen]
opuesto (adj)	противоположен	[protivopolóʒen]
ordinario (adj)	обикновен	[obiknovén]

original (inusual)	оригинален	[originálen]
peligroso (adj)	опасен	[opásen]
pequeño (adj)	малък	[málək]
perfecto (adj)	превъзходен	[prevəshóden]
personal (adj)	частен	[ʧásten]
pobre (adj)	беден	[béden]
poco claro (adj)	неясен	[nejásen]

poco profundo (adj)	плитък	[plítək]
posible (adj)	възможен	[vəzmóʒen]
principal (~ idea)	основен	[osnóven]
principal (la entrada ~)	главен	[gláven]

probable (adj)	вероятен	[verojáten]
público (adj)	обществен	[obʃtéstven]
rápido (adj)	бърз	[bərz]
raro (adj)	рядък	[rʲádək]
recto (línea ~a)	прав	[prav]

sabroso (adj)	вкусен	[fkúsen]
siguiente (avión, etc.)	следващ	[slédvaʃt]
similar (adj)	приличащ	[prilíʧaʃt]
sólido (~a pared)	стабилен	[stabílen]
sucio (no limpio)	мръсен	[mrésen]
tonto (adj)	глупав	[glúpav]

triste (mirada ~)	печален	[peʧálen]
último (~a oportunidad)	последен	[posléden]
último (~a vez)	минал	[mínal]
vacío (vaso medio ~)	празен	[prázen]
viejo (casa ~a)	стар	[star]

28. Los verbos. Unidad 1

abrir (vt)	отварям	[otvárʲam]
acabar, terminar (vt)	приключвам	[priklʲúʧvam]
acusar (vt)	обвинявам	[obvinʲávam]
agradecer (vt)	благодаря	[blagodarʲá]
almorzar (vi)	обядвам	[obʲádvam]
alquilar (~ una casa)	наемам	[naémam]

anular (vt)	отменя	[otmenʲá]
anunciar (vt)	обявявам	[obʲavʲávam]
apagar (vt)	изключвам	[isklʲúʧvam]
autorizar (vt)	разрешавам	[razreʃávam]
ayudar (vt)	помагам	[pomágam]

bailar (vi, vt)	танцувам	[tantsúvam]
beber (vi, vt)	пия	[píja]
borrar (vt)	изтрия	[istríja]
bromear (vi)	шегувам се	[ʃegúvam se]
bucear (vi)	гмуркам се	[gmúrkam se]
caer (vi)	падам	[pádam]

cambiar (vt)	сменям	[sménʲam]
cantar (vi)	пея	[péja]
cavar (vt)	ровя	[róvʲa]
cazar (vi, vt)	ловувам	[lovúvam]

cenar (vi)	вечерям	[vetʃérʲam]
cerrar (vt)	затварям	[zatvárʲam]
cesar (vt)	прекратявам	[prekratʲávam]
coger (vt)	ловя	[lovʲá]
comenzar (vt)	започвам	[zapótʃvam]
comer (vi, vt)	ям	[jam]
comparar (vt)	сравнявам	[sravnʲávam]

comprar (vt)	купувам	[kupúvam]
comprender (vt)	разбирам	[razbíram]
confiar (vt)	доверявам	[doverʲávam]
confirmar (vt)	потвърдя	[potvərdʲá]
conocer (~ a alguien)	познавам	[poznávam]

construir (vt)	строя	[strojá]
contar (una historia)	разказвам	[raskázvam]
contar (vt) (enumerar)	броя	[brojá]
contar con ...	разчитам на ...	[rastʃítam na]
copiar (vt)	копирам	[kopíram]
correr (vi)	бягам	[bʲágam]

costar (vt)	струвам	[strúvam]
crear (vt)	създам	[səzdám]
creer (en Dios)	вярвам	[vʲárvam]
dar (vt)	давам	[dávam]
decidir (vt)	решавам	[reʃávam]

decir (vt)	кажа	[káʒa]
dejar caer	изтървавам	[istərvávam]
depender de ...	завися от ...	[zavísʲa ot]
desaparecer (vi)	изчезна	[iztʃézna]
desayunar (vi)	закусвам	[zakúsvam]

despreciar (vt)	презирам	[prezíram]
disculpar (vt)	извинявам	[izvinʲávam]
discutir (vt)	обсъждам	[obséʒdam]
divorciarse (vr)	развеждам се	[razvéʒdam se]
dudar (vt)	съмнявам се	[səmnʲávam se]

29. Los verbos. Unidad 2

encender (vt)	включвам	[fklʲútʃvam]
encontrar (hallar)	намирам	[namíram]
encontrarse (vr)	срещам се	[sréʃtam se]
engañar (vi, vt)	лъжа	[léʒa]
enviar (vt)	изпращам	[ispráʃtam]
equivocarse (vr)	греша	[greʃá]

| escoger (vt) | избирам | [izbíram] |
| esconder (vt) | крия | [kríja] |

escribir (vt)	пиша	[píʃa]
esperar (aguardar)	чакам	[tʃákam]
esperar (tener esperanza)	надявам се	[nadʲávam se]
estar ausente	отсъствам	[otsǝstvam]

estar cansado	уморявам се	[umorʲávam se]
estar de acuerdo	съгласявам се	[sǝglasʲávam se]
estudiar (vt)	изучавам	[izutʃávam]
exigir (vt)	изисквам	[izískvam]
existir (vi)	съществувам	[sǝʃtestvúvam]

explicar (vt)	обяснявам	[obʲasnʲávam]
faltar (a las clases)	пропускам	[propúskam]
felicitar (vt)	поздравявам	[pozdravʲávam]
firmar (~ el contrato)	подписвам	[potpísvam]
girar (~ a la izquierda)	завивам	[zavívam]
gritar (vi)	викам	[víkam]

guardar (conservar)	съхранявам	[sǝhranʲávam]
gustar (vi)	харесвам	[harésvam]
hablar (vi, vt)	говоря	[govórʲa]
hablar con ...	говоря с ...	[govórʲa s]
hacer (vt)	правя	[právʲa]

hacer la limpieza	подреждам	[podréʒdam]
insistir (vi)	настоявам	[nastojávam]
insultar (vt)	оскърбявам	[oskǝrbʲávam]

| invitar (vt) | каня | [kánʲa] |
| ir (a pie) | вървя | [vǝrvʲá] |

jugar (divertirse)	играя	[igrája]
leer (vi, vt)	чета	[tʃeta]
llegar (vi)	пристигам	[pristígam]
llorar (vi)	плача	[plátʃa]

| matar (vt) | убивам | [ubívam] |
| mirar a ... | гледам | [glédam] |

molestar (vt)	безпокоя	[bespokojá]
morir (vi)	умра	[umrá]
mostrar (vt)	показвам	[pokázvam]
nacer (vi)	родя се	[rodʲá se]

| nadar (vi) | плувам | [plúvam] |
| negar (vt) | отричам | [otrítʃam] |

obedecer (vi, vt)	подчиня се	[podtʃinʲá se]
odiar (vt)	мразя	[mrázʲa]
oír (vt)	чувам	[tʃúvam]
olvidar (vt)	забравям	[zabrávʲam]
orar (vi)	моля се	[mólʲa se]

30. Los verbos. Unidad 3

pagar (vi, vt)	плащам	[pláʃtam]
participar (vi)	участвам	[uʧástvam]
pegar (golpear)	бия	[bíja]
pelear (vi)	бия се	[bíja se]
pensar (vi, vt)	мисля	[míslʲa]
perder (paraguas, etc.)	губя	[gúbʲa]
perdonar (vt)	прощавам	[proʃtávam]
pertenecer a ...	принадлежа ...	[prinadleʒá]
poder (v aux)	мога	[móga]
poder (v aux)	мога	[móga]
preguntar (vt)	питам	[pítam]
preparar (la cena)	готвя	[gótvʲa]
prever (vt)	предвиждам	[predvíʒdam]
probar (vt)	доказвам	[dokázvam]
prohibir (vt)	забранявам	[zabranʲávam]
prometer (vt)	обещавам	[obeʃtávam]
proponer (vt)	предлагам	[predlágam]
quebrar (vt)	чупя	[ʧúpʲa]
quejarse (vr)	оплаквам се	[oplákvam se]
querer (amar)	обичам	[obíʧam]
querer (desear)	искам	[ískam]
recibir (vt)	получа	[polúʧa]
repetir (vt)	повтарям	[poftárʲam]
reservar (~ una mesa)	резервирам	[rezervíram]
responder (vi, vt)	отговарям	[otgovárʲam]
robar (vt)	крада	[kradá]
saber (~ algo mas)	знам	[znam]
salvar (vt)	спасявам	[spasʲávam]
secar (ropa, pelo)	суша	[suʃá]
sentarse (vr)	сядам	[sʲádam]
sonreír (vi)	усмихвам се	[usmíhvam se]
tener (vt)	имам	[ímam]
tener miedo	страхувам се	[strahúvam se]
tener prisa	бързам	[bérzam]
tener prisa	бързам	[bérzam]
terminar (vt)	прекъсвам	[prekésvam]
tirar, disparar (vi)	стрелям	[strélʲam]
tomar (vt)	взимам	[vzímam]
trabajar (vi)	работя	[rabótʲa]
traducir (vt)	превеждам	[prevéʒdam]
tratar (de hacer algo)	опитвам се	[opítvam se]
vender (vt)	продавам	[prodávam]

ver (vt)	**виждам**	[víʒdam]
verificar (vt)	**проверявам**	[proverʲávam]
volar (pájaro, avión)	**летя**	[letʲá]